学 前 教 育 教 研 工 作 指 导 丛

U0579952

XUEQIAN JIAOYU JIAOYAN HUODONG DE
SHEJI YU SHISHI

学前教育教研活动的设计与实施

徐宇 等 / 编著

北京师范大学出版集团
BEIJING NORMAL UNIVERSITY PUBLISHING GROUP
北京师范大学出版社

图书在版编目(CIP)数据

学前教育教研活动的设计与实施 / 徐宇等编著.
北京：北京师范大学出版社，2025. 8. --（学前教育教
研工作指导丛书）. -- ISBN 978-7--303-31171-2

Ⅰ. G612

中国国家版本馆 CIP 数据核字第 20252BU814 号

出版发行：北京师范大学出版社 https://www.bnupg.com
　　　　　北京市西城区新街口外大街 12-3 号
　　　　　邮政编码：100088
印　　刷：北京溢漾印刷有限公司
经　　销：全国新华书店
开　　本：710 mm×1000 mm　1/16
印　　张：10.5
字　　数：200 千字
版　　次：2025 年 8 月第 1 版
印　　次：2025 年 8 月第 1 次印刷
定　　价：38.00 元

策划编辑：罗佩珍　　　　　　　责任编辑：李锋娟
美术编辑：焦　丽　　　　　　　装帧设计：焦　丽
责任校对：陈　荟　　　　　　　责任印制：赵　龙

丛书编委会

丛书主编：高丙成

丛书副主编：（按姓氏拼音排序）

李　佳　卢筱红　苏　婧　汪秋萍

线亚威　徐　宇　虞莉莉　周丛笑

丛书编委：（按姓氏拼音排序）

毕　嵘　陈　丹　程凤玉　春　亮

邓湘萍　高丙成　何桂香　李　佳

李　英　李志宇　林媛媛　卢筱红

罗佩珍　罗英智　孟繁慧　苏　婧

万磊俊　汪秋萍　吴海虹　武敬洁

伍香平　线亚威　徐　宇　徐则民

杨先好　杨雅清　叶小红　虞莉莉

曾丽琼　张　洁　周丛笑

本书编委会

编著：

徐　宇　张格娜　林　燕　等

参编人员：（按姓氏拼音排序）

冯麟杰　庞　青　石运红　宋　武

唐　智　涂德兰　王红丽　吴爱芳

肖红陵　殷　静　张潇月　周娟娟

周　丽　周　霞　朱　涛

专家推荐序

长期以来，学前教育教研工作是幼儿园发展和质量提升的重要推动力量，是教师深入探究保育教育规律、不断实现专业发展的重要途径。随着教育事业的发展和学前教育组织管理与业务指导机构的改革，许多地方的学前教育教研机构和人员进行了合并及改组，教研力量有所削弱。近年来，学前教育实现了跨越式发展，改革发展的新形势和立德树人的新任务对教研工作提出了新要求，教研员的角色定位以及教研工作的重点、内容和方式也必须随之转型升级。

为适应时代变迁对学前教育教研工作的新要求，我的同事、年轻的学者高丙成副研究员协同全国多地具有坚实理论基础和丰富实践经验的教研员，编写了这套"学前教育教研工作指导丛书"（以下简称"教研丛书"），试图客观描述学前教育教研工作的现状，找到教研工作中的问题，明确新时代教研工作的需求及主要任务，并给出切实可行、有针对性的工作路径与实践方法。应该说，丛书的设计思路和具体内容，对教研员工作质量的提升和教研工作效益的提高有很大帮助。

由于各部著作还在陆续完成之中，而写序的时间要求在先，所以，我没有看到"教研丛书"的全部书稿。但在前期针对丛书与高老师和部分作者交流讨论的过程中，我深感作者们经验丰富，对教研工作有着极强的责任心和使命感。从各部著作的框架和内容设想及部分书稿中，我也感受到内容具有的针对性和时效性。总体来说，"教研丛书"有着十分鲜明的特点。

第一，适应学前教育教研工作的新变化，突破了传统教研的单一内容与模式。

在二三十年前，学前教育的教研主要是指对幼儿园教学活动的研究，以教师的教学活动设计和组织实施为主要研究内容，重点关注教师教育实践行为的问题与改进，研课较多，如"一课三研""一课多研"等。教研的主要负责人和组织者是市级及以上教研员，通过不同层次和不同形式的教研活动，提高广大教师的教学能力和水平，"以评代研、以赛促研"的不同规模的评课、赛课活动也成为常见的教研活动形式。

随着学前教育的改革发展，特别是 2001 年《幼儿园教育指导纲要（试行）》颁布以来，"上课"不再是幼儿园教育教学的主要形式，环境成为幼儿园重要的教育资源，师幼互动被视为促进幼儿发展的重要因素，游戏成为幼儿的主要活动，幼儿园教育日益重视幼儿生活的教育价值，关注教育的随机渗透；幼儿被认为是主动的学习者，教师要成为幼儿学习的支持者、引导者和合作者。这一系列新的教育理念、学习观和教育观的确立，对教研工作提出了全新的要求。教研的内容扩展了，教研的重心也变化了，对幼儿的观察与研究、对幼儿游戏和幼儿园一日生活的研究等也成为教研的主要内容，教研员的研究工作既包括研究教师的教，也包括研究幼儿的学。

2006 年，教育部基础教育司委托教育部基础教育课程教材发展中心组织开展了"以园为本教研制度建设"项目，在全国广泛开展了对园本教研的理论研究和实践探索，极大地推动了幼儿园层面的教研工作。幼儿园成为教研工作的基本单位，教师成为教研的主体和主要力量，有一定规模的幼儿园纷纷设立教研室或安排专职和兼职人员，积极组织教师开展基于幼儿园保育教育实践的问题导向的教研活动，以促进幼儿良好发展为目标，内容涵盖幼儿园一日生活的各个环节和各种活动。园本教研强调教师的自我反思、同伴互助和专业引领，有效地助推了教师的专业成长。

随着园本教研探索的深入，特别是专家的介入引领，以及 2012 年《幼儿园教师专业标准（试行）》的颁布，让教师成为自身实践的研究者、让研究助推教师的专业发展等理念成为基本共识和实践策略。区县教研机构和幼儿园开展的研究课题大幅度增多。在幼儿园层面，教研活动与以课题研究为依托的科研活动进一步整合为教科研活动，也有很多幼儿园的教研组（室）改为教科组（室），幼儿园的教研和科研基本上不再分家，无论是幼儿园的教研还是科研，都成为内涵比较清楚的包含日常教研和课题研究的融合性活动。很多地方的学前教研室与教科所合并、工作整合，也有的地方将教研机构和培训机构合并、工作整合，凸显研训一体化。从此，学前教育的教研、科研和培训有了更多的交集，具有了融合性和互促性。

"教研丛书"的内容既包含了对教育活动的观摩与研讨，又包含了对幼儿园区域游戏活动、户外游戏活动、生活活动、家园共育活动等各种形式活动的诊断分析与对策建议，因此丛书有普遍适用性和很强的针对性。针对当前幼儿园以游戏为基本活动的迫切需求，丛书包含了幼儿游戏观察与研讨的指导内容。相信这些内容将扩展和深化各层面学前教育教研工作的内容，促进当前幼儿园教育一系列新理念、新思想的落地，为教师保育教育能力的提升和幼儿园教育质量的提升提供有力支持。

第二，适应当前对学前教育教研员角色转变的新要求，给出了切实可行的教研工作思路与方法实例。

早在 2014 年，《教育部 国家发展改革委 财政部关于实施第二期学前教育三年行动计划的意见》(教基二〔2014〕9 号)就提出："加强幼儿园保育教育指导。根据幼儿园数量和布局，划分学前教育教研指导责任区，安排专职教研员，定期对幼儿园进行业务指导。"2018 年，《中共中央 国务院关于学前教育深化改革规范发展的若干意见》提出："完善学前教育教研体系。健全各级学前教育教研机构，充实教研队伍，落实教研指导责任区制度，加强园本教研、区域教研，及时解决幼儿园教师在教育实践过程中的困惑和问题。"此外，随着"国务院领导、省市统筹、以县为主"的学前教育管理体制的确立，区县级教研部门必将成为学前教育教研的责任主体。

综合分析当前国家层面出台的相关政策文件，我们可以看到，在新时代，学前教育教研员有了新任务、新定位。当前，各层面学前教育教研员被赋予了更多更重要的任务，特别是要具体负责指导幼儿园和教师的教育实践。教研员的自身角色必须从以往的以组织管理为重向以专业指导为主转变，各层级教研机构的教研员和幼儿园负责业务工作的管理者都必须成为学前教育专业的行家里手，引领教师发展，指导幼儿园实践，有效促进幼儿园教师专业水平提升、幼儿园内涵式发展和质量提高。

"教研丛书"正是基于教研员角色定位、工作职责的新变化和新要求，将教研活动和教研工作作为重点内容，对学前教育教研活动的设计与组织、学前教育教研工作常见问题及对策进行了专门的论述阐释，突出重点，聚焦问题，给出对策建议；不仅如此，丛书还精选了不同层面、不同类型的教研案例，进行了详细介绍与深度分析。相信这些挖掘和汇集各地学前教育教研工作成功经验的典型案例，将为各地更好地开展教研工作提供有益参考和借鉴，有助于教研员专业水平的不断提升，促进学前教育教研工作的专业化发展。

第三，基于实证调查客观反映学前教育教研工作的现状和问题，为未来教研工作的转型升级提供参考。

"教研丛书"还包括一本专门的现状调查报告，对我国学前教育教研在服务决策、指导实践、科学研究、引导舆论等方面发挥的作用进行了调查；对教研员的工作状况、专业发展状况、保障机制、满意度等也进行了调研；在此基础上，全面客观地描述和分析了当前我国学前教育教研取得的主要成绩和重要成就、存在的突出问题和未来需求，并试图提出有针对性的对策和建议。这种聚焦于教研员及其工作的系统调查研究很少，因此，相关的数据资料十分珍贵和有意义。相信这些内容可以为未来学前教育教研工作转型升级、做好基本定位、寻求适宜路径及制定相关政策提供客观依据和有益参考。

最后，关于未来学前教育教研的工作内容和重点，除上述已经谈及的内容外，还应注意两个方面的问题。一是以促进幼儿良好发展为根本目的，重视改进教育实践。2014年，教育部组织进行中小学幼儿园教师培训课程标准研制申报工作，提出幼儿园教师培训课程标准应包括师德修养、幼儿研究与支持、幼儿保育与教育、学习与发展四个模块的内容；在幼儿研究与支持方面，要特别重视幼儿行为观察、幼儿个体差异研究与支持、幼儿学习研究与支持、幼儿发展评价与激励等。这些要求也为学前教育的教研、科研和培训工作提供了关注的重点和内容参考。教研工作要从以往的较多研究教学策略转向观察和研究幼儿行为，发现并尊重幼儿的差异，支持幼儿多样化的学习与发展。二是将师德提升作为教研内容，实现师德与能力同步提升。促进教师的专业发展进而提升幼儿园的保教质量，一直是教研工作的核心任务和重点目标，但长期以来，重视教师的专业能力发展、忽视师德培养的现象普遍存在。未来的教研工作，应该将新时代对幼儿园教师的师德要求自觉地渗透在日常教研指导工作中，特别是将2018年教育部印发的《新时代幼儿园教师职业行为十项准则》的各项要求落实贯穿在教研活动中，引导广大教师努力成为有理想信念、有道德情操、有扎实学识、有仁爱之心的"四有"好老师，树立"教师是人类灵魂的工程师，是人类文明的传承者"的角色定位和职业形象，做幼儿成长的启蒙者和引路人。

需要表达的是，由于时间和水平有限，加之"教研丛书"还在陆续完稿和出版过程中，因此，我个人的理解、观点和表述必定具有局限性，恳请各位作者和广大读者谅解。衷心期望高丙成老师主编的这套书能够在研究方法、教研工作思路和策略等多个方面给学前教育同行以启发和参考，也热切期望能有更多的学前教育同行参与到对学前教育教研工作的研究、探索和创新行列中，共同为教研队伍的专业化和教研工作的科学化做出贡献。

刘占兰

丛书前言

教研制度是一项具有中国特色的制度。中华人民共和国成立以来，《国家教委关于改进和加强教学研究室工作的若干意见》《全国省级教研室主任会议纪要》《教育部关于加强和改进新时代基础教育教研工作的意见》等政策文件先后出台，引领教研工作开展。各地高度重视教研工作，加大力度完善国家—省—市—县—校教研体系，健全区域教研、校本教研、网络教研、综合教研制度，改善教研保障条件，建立专兼结合的教研队伍，优化教研工作机制，改进教研内容和方式。教研工作在深化教育教学改革、推进教育质量提升、引领教师专业发展、服务教育行政决策等方面发挥了不可替代的作用，成为我国教育质量保障体系的重要组成部分。

学前教育教研是幼儿园发展和质量提升的重要推动力量。近年来，我国学前教育实现了跨越式发展，具有中国特色的教研制度和优良传统在学前教育改革发展中的作用愈加凸显，我国学前教育教研工作也取得了显著成绩。为全面总结我国学前教育教研工作的先进经验和优秀成果，分析探讨学前教育教研工作的路径方式和方法策略，广泛汇集专家学者对学前教育教研工作的新思路和新探索，助推我国学前教育教研工作的开展，我们和北京师范大学出版社策划了"学前教育教研工作指导丛书"（以下简称"教研丛书"）。

一、丛书出版的背景及价值

出版"教研丛书"，不仅是服务学前教育教研政策制定的需要，而且是加强对学前教育教研的研究的需要，更是指导学前教育教研实践的需要。

（一）服务学前教育教研政策制定

党中央、国务院把学前教育教研工作作为学前教育改革发展的一项重要任务，出台了一系列重要政策文件，引领学前教育教研工作方向。《国务院关于当前发展学前教育的若干意见》提出"健全学前教育教研指导网络"；《教育部 国家发展改革委 财政部关于实施第二期学前教育三年行动计划的意见》提出"划分学前教育教研指导责任区，安排专职教研员，定期对幼儿园进行业务指导"；《教育部等四部门关于实施第三期学前教育行动计划的意见》强调"加强学前教育教研力量，健全教研指导网络"；《中共中央 国务院关于学前教育深化改革

1

规范发展的若干意见》强调"完善学前教育教研体系。健全各级学前教育教研机构，充实教研队伍，落实教研指导责任区制度，加强园本教研、区域教研"；《教育部关于加强和改进新时代基础教育教研工作的意见》强调要完善教研工作体系，深化教研工作改革，加强教研队伍建设，完善保障机制。这些政策措施的出台进一步明确了学前教育教研工作的发展目标，提出了学前教育教研工作的基本要求，规定了学前教育教研工作的重点任务，完善了学前教育教研工作的体制机制。

按照党中央、国务院的决策部署，各地围绕学前教育教研队伍建设、教研管理体制、教研投入体制、教研工作机制等方面进行了全方位的探索与实践，涌现出许多学前教育教研工作的先进做法、成功经验、典型案例。但是，由于目前我国学前教育教研工作沟通交流机制不完善，许多地方的先进做法、成功经验等往往难以被其他地区学习、参考和借鉴。在策划编写"教研丛书"过程中，我们不仅吸收全国各地的教研员担任丛书编委，而且注重总结提炼各地学前教育教研工作的先进经验，分析梳理各地学前教育教研工作的成功做法，挖掘汇集各地学前教育教研工作的典型案例，以期为学前教育教研工作提供可资借鉴的优秀成果，为学前教育教研政策制定提供实践依据。

（二）加强对学前教育教研的研究

近年来，随着我国学前教育事业的快速发展，学前教育教研工作也越来越受到关注和重视，学前教育教研工作的理论研究不断深入，相关研究成果不断增多，相关理论逐渐丰富，学术成果水平也不断提高。中国教育科学研究院十分重视对学前教育教研的研究，近年来进行了中国教育科学研究院基本科研业务费专项资金项目"我国幼儿园教研员队伍状况调查研究"、教育部-联合国儿童基金会"学前教育教研员国培方案研制"、教育部民族教育发展中心"民族地区学前教育教研工作满意度调查"等课题研究工作。在研究过程中，我们对学前教育教研员的工作状况、学前教育教研员的培训状况、学前教育教研工作满意度等进行了深入研究，对学前教育教研工作有了更全面的了解。

随着研究的推进，我们发现，目前不论是对教研员素养结构、专业发展阶段等理论性问题，对教研工作职责、工作保障等实践性问题，还是对教研工作机制、政策保障体系等政策性问题的研究都还不够丰富，难以满足服务政策制定及指导实践的需要。在编写"教研丛书"的过程中，我们立足我国学前教育教研工作实际，对教研员素养结构、教研工作职责、政策保障体系等问题进行了研究探讨，以期进一步丰富具有中国特色、中国风格、中国气派的学前教育教研工作研究成果，向世界充分彰显中国教研特色、中国教研精神和中国教研力量，不断丰富学前教育教研理论，充分发挥教研理论的引领作用，更好地促进我国学前教育教研工作的推进。

（三）指导学前教育教研实践

近年来，各级政府高度重视学前教育教研工作，坚持立德树人的基本导向，遵循幼儿身心发展规律，以深化教育教学改革为中心，以提高育人水平为目标，着力发挥研究、指导和服务的专业作用，学前教育教研机构逐渐健全，教研队伍不断扩大，教研员素养稳步提升，教研经费持续增加，教研成果不断涌现，我国学前教育教研工作迈上新台阶。但是，由于底子薄、欠账多，学前教育教研工作仍然面临许多问题、困难和挑战。学前教育教研工作还不受重视，教研工作重点还不清晰，教研工作机制不够与时俱进，教研员配备数量不足，教研员虽亟待提升素养但缺乏学习机会……这些困难和问题直接影响着新时代学前教育教研工作的质量，对此相关部门必须给予高度重视，切实加以解决。

各地学前教育教研员围绕学前教育改革的重点、难点和热点问题，不断加强学习和研究，在引领教师专业发展、指导幼儿园实践、促进幼儿园内涵式发展等方面发挥着越来越重要的作用。面对当前学前教育普及普惠安全优质发展的新方向，以及落实立德树人根本任务的新形势、新任务、新要求，学前教育教研工作必须转型升级。在丛书编写过程中，我们通过分析和审视学前教育教研工作的定位、内容、形式等，从以往的较多研究教学策略转向加大对幼儿行为的观察、支持和研究，积极倡导发现并尊重幼儿的差异，注重研究和掌握幼儿的学习特点，支持幼儿多样化的学习与发展，以期能够更好地解决学前教育中的新问题，更好地指导学前教育教研实践。

二、丛书的主要内容

"教研丛书"围绕学前教育教研工作的现状、问题、需求及主要任务展开，旨在发现问题、找准需求、分解任务、提供对策，促进学前教育教研工作的改善和质量提升。"教研丛书"目前主要包括"前沿报告""教研创新""典型经验"三个系列，各系列既相互独立又相互联系。

（一）前沿报告系列

围绕学前教育教研工作的热点、难点问题，着眼于基础性、长远性、前瞻性的问题，调研了解学前教育教研现状，开展学前教育教研政策研究，探索总结教研工作规律，积极探讨促进教研工作科学化、专业化、规范化发展的新理念、新思想、新路径，更好地引领学前教育教研工作。

（二）教研创新系列

以促进儿童德智体美劳全面协调发展为核心，遵循儿童身心发展规律，适应新时代教研工作的新变化和对学前教育教研员角色转变的新要求，聚焦于学前教育教研工作重点和核心问题，加强关键环节研究，创新教研工作方式，提升教研工作的针对性、有效性和吸引力、创造力，以期更好地指导学前教育教研工作。

（三）典型经验系列

总结我国学前教育教研工作的基本经验和成功模式，精选提炼不同层面、不同类型的教研工作经验做法和典型案例，梳理和总结切实可行的思路、对策和方法，运用相关理论进行把脉分析，为各地更好地开展学前教育教研工作提供借鉴和参考。

"教研丛书"的选题以开放性为原则，成熟一本出版一本、成熟一批出版一批，以期逐渐丰富和完善丛书体系。根据计划，第一批拟出版八册，各分册主要内容如下。

《中国学前教育教研状况调查报告》：本书在对国内外相关研究进行述评的基础上，对我国教研政策进行了梳理分析，通过对学前教育教研员、幼儿园园长和教师等不同利益相关方工作状况、专业发展状况、保障机制、满意度等的现状调查，客观描述了我国学前教育教研取得的主要成绩和重要成就，梳理挖掘了各地的成功经验和典型做法，分析探讨了存在的突出问题和未来需求，并参考借鉴了国外相关经验和研究成果，提出了有针对性的对策和建议，进行了前景展望。

《学前教育教研活动的设计与实施》：本书主要围绕教研活动的策划、组织、实施、评价及文化塑造展开。全书以故事的形式将大量教研员和幼儿园的典型、鲜活、有代表性的教研活动案例串联起来，不仅深入浅出地阐释了相关理论，而且紧密结合实践提供了区域教研和园本教研活动设计、组织、实施、评价的策略，让读者在故事阅读中亲近教研、了解教研、懂得教研，掌握切实可行的教研活动设计与组织的方法。

《幼儿园主题教研的设计与实施》：本书在对主题教研活动理论进行探讨的基础上，重点对幼儿园主题教研的设计、实施、总结、评价及成果等进行了较为系统的梳理，较为全面地介绍了主题教研的特征、价值及主要流程，并呈现了部分优秀幼儿园开展主题教研的典型案例，为学前教育教研方式创新提供了新的视角。

《学前教研工作坊的探索与实践》：本书全面梳理、系统总结了我国学前教研工作坊的理论与实践体系，探索形成了辐射带动、课题切入、协同研究、同研异构、送教下乡、结对帮扶、问题诊断、蹲点指导、依研培训、教科研融合、教研训结合、岗位研修、共同体联盟、主题活动、互助研讨、现场体验、多元整合、跨园混合、"互联网＋"线上和交互式网络教研 5 大类共 20 种各具特色的、有推广和应用价值的学前教研工作坊教研组织形式，为学前教研工作开展提供了参考模板和实践指南。

《学前教育教研案例精选》：本书基于学前教育教研实践，以教研案例的方式，生动阐释了学前教育教研工作在价值取向、内容更迭、策略创新、文化探寻四个方面切实的转变与升级；每个教研案例都从问题出发，详细介绍了教研的背景、教研的历程、研修举措和意义。书中既有区域层面的教研项目方案，又有幼儿园层面的教研案例，无论是区县级教研员还是幼儿园的教研组长，都能从中找到值得借鉴的经验和做法。

《幼儿园教育活动观摩与研讨》：本书以实践为基础，以问题为中心，以案例为载体，以引领为导向，探讨了幼儿园教育活动观摩与研讨的概念、特点、功能、依据和路径；从公开活动观摩与研讨、常规活动观摩与研讨等方面阐述了幼儿园教育活动观摩与研讨的方案设计与组织策略；同时，提出了幼儿园教育活动观摩与研讨中叙述、观摩及评价教育活动的基本框架、内容、策略。

《幼儿园一日活动的诊断与对策》：本书基于幼儿园教育活动实践，立足幼儿园现场，围绕幼儿园一日生活活动、区域游戏活动、集体教学活动、户外体育活动、家园共育等方面的典型问题，精选生动案例，聚焦实践问题，运用相关理论进行分析和把脉，提供实用的对策、方法及建议。

《幼儿游戏行为观察与研讨》：本书以幼儿园各类游戏为案例，以合作式教研、对比式教研等形式多样的园本教研为载体，运用心理学、教育学理论知识，帮助教师学会对幼儿游戏行为进行观察、记录、分析与评价，并提出了具有可行性的指导策略；书中选用了一些具有实用性、鲜活性、可读性的案例，呈现了教师在幼儿游戏行为观察过程中的困惑、学习及尝试，真实地展现了教师在观察实践中的成长历程，具有较强的学习借鉴价值和实操性。

三、丛书的主要特点

"教研丛书"力求凸显以下几个主要特点。

（一）坚持政策、理论与实践相结合

"教研丛书"在对学前教育教研政策文本进行系统梳理的基础上，对国内外最新研究成果进行分析总结，对学前教育教研员状况进行全面调查，对全国各地学前教育教研工作中的先进经验、成功做法、典型案例、实用策略等进行归纳总结，对国际先进教科研经验进行比较分析，力争做到政策分析与实践挖掘并重、理论分析与全面调查兼有；确保政策分析具有权威性，理论研究具有前沿性，现状调查具有全面性，典型案例具有代表性，经验做法具有广泛适用性，对策建议具有可行性。

（二）重视全面性与代表性相结合

"教研丛书"不仅注重区域教研的组织与实施，而且关注园本教研的探索与实践，力争做到区域教研与园本教研并重，涵盖学前教育教研工作的主要内容。"教研丛书"不仅包括能够反映我国学前教育教研工作状况的调查报告，而且涵盖幼儿游戏行为观察与研讨、幼儿园一日活动的诊断与对策、幼儿园教育活动观摩与研讨等学前教育教研的主要工作内容，还包括学前教育教研活动设计与组织、学前教育教研工作常见问题及对策等实用内容。丛书分册主编由中国教育科学研究院的研究人员和省级学前教育教研员担任，同时吸收各地学前教育教研员广泛参与，确保学前教育教研工作经验、典型案例的覆盖性和代表性。

（三）注重实用性与可读性相结合

"教研丛书"围绕学前教育教研存在的突出问题、教研员的学习需求和主要工作任务等展开，注重总结先进经验、梳理成功做法、挖掘典型案例，旨在解决学前教育教研工作中的困惑和问题，为学前教育教研工作提供借鉴参考。"教研丛书"在写作上坚持理论阐述与案例分析相结合，坚持理论知识够用、重实际操作应用的原则，注重理论通俗化、经验具体化、案例故事化、策略操作化，个别分册还尝试文本、音视频并用的方式，以增强可读性、可借鉴性。

感谢刘占兰研究员的悉心指导和专业引领，感谢各分册主编和合作者的认真准备和辛勤付出，感谢全国各地学前教育教研员的鼎力相助和大力支持，感谢中国教育科学研究院领导、同事对学前教育教研工作的无私帮助和热情支持，感谢北京师范大学出版社相关编辑的支持和编校。由于研究时间、精力和水平有限，疏漏在所难免，敬请各位批评指正。

高丙成

写在前面的话

《教育部关于加强和改进新时代基础教育教研工作的意见》明确提出："教研工作是保障基础教育质量的重要支撑。"幼儿园是基础教育的重要组成部分，在全面落实立德树人根本任务、提升保育教育质量的过程中，必须强化教研活动的价值，通过创新教研活动方式、增强教研活动效果来实现新时代"幼有优育"的专业支撑。

中国力学家钱伟长认为，不搞教研，忙着捧书本上讲台是上不好课的，因为你没有自己的观点，不会选择内容。教研活动能有效帮助教师解决保教工作中的实际问题，支撑教师的专业发展，也能提升幼儿园团队的研究能力。然而，大部分的幼儿园教师仍游离在教研活动之外，对其避而远之。一方面，有的教师认为教研活动可有可无，有的教师认为教研活动高不可攀，还有的教师认为教研活动高深莫测；另一方面，有的幼儿园组织教研活动不知从何处开始，有的幼儿园组织教研活动忽视教师的"最近发展区"，还有的幼儿园组织教研活动脱离教学实践。《学前教育教研活动的设计与实施》一书以学前教育教研活动中的现实问题为切入点，建构框架内容，涉及学前教育教研活动设计与实施的全要素：教研活动的设计、教研活动的组织、教研活动的实施、教研活动的评价及教研活动的文化。

本书紧紧围绕"是什么""为什么""怎么做"的主线进行阐述。其中，"教研活动的设计"让教研策划者明白什么是教研活动设计、为什么需要设计以及怎样设计；有了好的设计，还必须通过教研组织去实施，"教研活动的组织"与"教研活动的实施"则阐述了教研组织建设、教研制度建设、教研组织策略的相关内容，以及具体的教研活动的实施途径；教研活动是否有效则需要通过教研活动评价来判断，"教研活动的评价"帮助教研活动组织者了解为什么要评价，评价什么以及如何开展评价。一个有质量的教研活动，做好教研设计是前提，组建教研组织及制定教研制度是保障，选择恰当的实施方式是关键，教研活动评价是检核活动是否有效的手段，而如何助推这些显性要素走向高效，教研文化必不可少。"教研活动的文化"对对话文化、反思文化和互助文化的特点与形成做了系统论述，试图通过教研活动文化的营造，最终实现教研活动自发、自醒、自在的内驱生长与价值追求。

本书是一项"原生态"的教研活动成果，聚焦幼儿园教研活动中一系列的真问题。这些问题既具有普遍性，又具有针对性，我们在分析一个又一个问题的基础上，努力寻求解决问题的真方法。全书通过典型、鲜活、具有代表性的幼儿园教研活动的真实案例来呈现，这些案例均来自幼儿园和一线教研员的实践智慧，适用于区域教研员、幼儿园教研管理者和参研教师等群体。本书来源于实践又回归于实践，具有很强的可读性，让读者在不经意中亲近教研，了解教研，读懂教研；本书还具有可操作性，结合案例深入浅出地阐释各种教育理论，并提供园级和区域教研活动设计、组织、实施、评价的方法、策略、途径等作为借鉴，对于一线教研工作者具有参考价值。

本书由徐宇、张格娜、林燕统稿。参与本书编写的人员都有着丰富的教研工作经验，具体分工如下：

第一章第一节：张格娜、唐智、林燕，第二节：张格娜、石运红，第三节：张格娜、林燕；第二章第一节：唐智、冯麟杰，第二节：周霞、徐宇，第三节：朱涛、林燕；第三章第一节：吴爱芳、王红丽，第二节：周丽、徐宇，第三节：殷静、涂德兰，第四节：徐宇、朱涛；第四章第一节：周娟娟、吴爱芳，第二节：庞青、周娟娟，第三节：肖红陵；第五章第一节：张潇月、林燕，第二节：张潇月、林燕，第三节：张潇月、徐宇、宋武。

本书的编写得到了中国教育科学研究院高丙成博士的悉心指导和大力支持，此外四川省成都市成华区教育科学研究所朱昌渝老师给予了真诚建议，在此表示真诚的谢意。我们还要对北京师范大学出版社的鼎力支持，对罗佩珍、李锋娟编辑的辛勤工作表示衷心的感谢！

在编写过程中，我们参考借鉴了有关的书籍，选用了部分一线教研员、园长、副园长、教研组长开展的幼儿园教研活动的案例，在此一并表示衷心的感谢！

尽管我们很努力，但由于才疏学浅，书中不足之处在所难免，敬请各位读者批评、指正。

编　者

目　　录

第一章　学前教育教研活动的设计

学前教育的高质量发展，对教师队伍的专业素养提出了新的要求。有效的教研活动能促进教师专业发展，而如何设计出目标明确、针对性强、教师参与度高、切实解决保育教育实际问题的有效教研活动成为影响教研活动有效性的关键因素。那么，何为学前教育教研活动设计？学前教育教研活动为什么需要设计？怎样设计学前教育教研活动以及设计学前教育教研活动时需要遵循哪些原则？本章将对相关内容进行阐述。

第一节　学前教育教研活动设计概述

教研活动是教师有目的、有过程、有方法地分析和解决保育教育过程中所面临的各种具体问题，以促进教师专业发展为宗旨的一种实践性、反思性的专业发展研究活动。[1] 设计是在正式做某项工作之前根据一定的目的要求，预先制定方案、规划蓝图等。[2] 教研活动设计，是对将要进行的教研活动的预先筹划，是对有效解决保教工作实践中的某一问题所采取的研究行动的目标、任务、过程及其方式方法进行的一种系统规划。[3]

一、学前教育教研活动设计的概念

 案例

开学伊始，教研组长易老师召集了年级组长共同讨论制订本学期的教研活动计划。在制订计划前，易老师用了很多时间和老师们交流。很多年轻老师谈到自己在半日活动的过渡环节有点手足无措；一些老师希望自己在一日生活中的师幼互动方法上更有智慧；还有一些老师觉得自己在班级环境创设方面经验不足……由此易老师确定了本学期教研工作的主要内容（见表1-1）。

---

① 龚兴英：《中小学教师教研活动研究》，博士学位论文，西南大学，2014。
② 字词语辞书编研组：《新编现代汉语词典》，1108页，长沙，湖南教育出版社，2016。
③ 莫源秋等：《幼儿园教研活动设计与实施》，15页，北京，中国轻工业出版社，2014。

学前教育教研活动的设计与实施

表 1-1　学期教研工作主要内容

主题	周期	形式	参与人员
半日活动中过渡环节的组织	一个月	观摩与集中研讨	新教师
如何有效进行师幼互动	一学期	1. 沙龙活动 2. "我和孩子的对话"案例评选比赛 3. 集中研讨	全体教师
生态理论下的班级环境创设	一个月	1. 班级环境评比活动 2. 主题分享	全体教师 部分教师
户外材料投放的原则与策略	一学期	1. 参与式体验教研 2. 主题研讨 3. 现场观摩	全体教师

　　案例中的易老师在设计学期教研活动时充分调研了教师们的困惑，将问题作为教研工作的主要内容，根据不同的内容选择教研方式、确定完成时间及参与对象，这就是学前教育教研活动的设计规划。

　　学前教育教研活动设计以找准保教实践中的真问题和保教人员实际需求为出发点，对将要进行的教研活动的目标、任务、过程及其方式方法进行规划。它是保证教研活动高效开展的起始环节。

（一）学前教育教研活动设计是一种需求分析

　　学前教育教研活动是一种运用各种方法和途径解决问题、促进教师发展的活动，这就需要在活动开展前对教师进行需求分析。我们通常按照哈钦森（Hutchinson）和沃特斯（Waters）的分类方法把需求分析分为目标需求和学习需求两类。目标需求即基于幼儿园教师发展目标的群体需求；学习需求即基于教师个人能力特征，以及发展理想的个体需求。学前教育教研活动要能真正地促进教师专业发展，就必须通过活动设计尽可能地满足这两种需求，从而调动教师内外的能动力。因此，学前教育教研活动设计不是简单的"活动时间安排表"，而是发现教师在保教工作中遇到的问题与实际需求，选用适宜的方式推进活动过程，实现教研活动全要素的一种行动规划。

（二）学前教育教研活动设计是一种预先计划

　　学前教育教研活动以解决保教问题或者改进保教实践行为为目的。学前教育教研活动设计的意义就在于提前对内外部环境进行分析，对教研活动的主要目标、达成途径、实施策略等进行预先策划，即关注和明确活动对象、活动目标、活动主题、活动内容、活动形式、活动流程和活动效果，最终形成计划。

教研活动设计既有长远任务的规划，又有明确具体活动的操作思考。为此，学前教育教研活动设计包括学期教研活动设计、月教研活动设计和每一次教研活动设计，具体体现为学期计划、月计划、具体教研活动方案。

(三)学前教育教研活动设计是一种资源统筹

学前教育教研活动是发现与解决保育教育实际问题的过程，是将学习、研究与工作实践真正结合起来的专业活动，有着"学习新理论—发现与解决问题—改变实践行为"的逻辑链。学前教育教研活动设计需要统筹关键事件与人物，关注问题，参照、借鉴相关的经验，制定相应的程序和步骤，让这个逻辑链具体化。学前教育教研活动设计就是尽可能地统筹一切可用的资源，针对不同的教研活动主题、教研形式和教研时间，对教研活动所用到的人、物等各种资源做出全面统筹，帮助教研活动达到最佳效果。

二、学前教育教研活动设计的意义

学前教育教研活动设计通过提前构思、统筹规划，合理计划出实施步骤与操作流程；通过了解教师的需求让教研活动内容和方式既"对胃口"又有吸引力。周密详尽的策划和全面考虑则使教研活动过程更加流畅。总之，学前教育教研活动设计是教研活动实现目标、优化过程的重要支持和保障。

(一)学前教育教研活动设计让教研活动"有备而来"

案例

期末时，教研组长刘老师召集所有参研者一起回顾了本学期教研活动的开展情况，老师们各抒己见，分享了自己在实践中的收获与成长。接着，刘老师问道："老师们，结合本学期教研活动开展和个人的一些情况，接下来你们想解决什么问题呢?"沉思过后，老师们打开了话匣子。"我这学期的班级环境创设在汪老师的帮助下有了很大的进步，如何把自然角打造得更亲近幼儿，增强与幼儿的互动是我想挑战和尝试的。"小谭老师首先表达了自己的想法。廖老师则郑重其事地说道："我虽然已经能熟练地组织半日活动，但随着与孩子们的相处，我现在特别希望自己能掌握一些与个别孩子互动的好方法、好技巧。"……

通过这次集体交流，刘老师将"如何创设儿童视角的自然角"和"个别儿童教育之我见"预设为下学期的教研活动主题。为了两个主题教研活动能更好地开展，假期中刘老师学习了自然角创设的理论书籍和文章，收集了很多自然角创设的案例，还邀请幼儿园擅长创设自然角的杜老师准备了一次主题分享。开学后，刘老师又与园长、分管教研的园长进行交流，了解新学期的幼儿园保教工作任务，最后她制订了以自然角创设为主题的教研活动计划，确保每一次教研活动实施都能准备充分。

学前教育教研活动研什么？以何种方式进行教研？教研活动要达成什么目标？……这些问题需要教师和教研活动组织者事前达成一致。一方面组织者通过前期调查获得教师个体和教师团队的实际需求，另一方面组织者需要明确教师专业能力和发展需求，由此确定梳理出适合教师且教师感兴趣的教研活动主题，然后预设教研活动的内容、目标与过程、方法等。这些细致而全面的设计为教研活动的实施提供了保障。

（二）学前教育教研活动设计让教研活动"有的放矢"

教研活动是一种有计划、有目的地总结事物规律、解决保育教育问题，甚至优化某个教育场景的活动。因此，清晰的问题和目标是有效开展学前教育教研活动的前提。明确的目标可以指引教研活动按照一定的程序和步骤有序地开展。

案例

随着幼儿园课程改革的推进，××幼儿园需要不断重构教师的课程观，以课程故事为抓手更新课程理念，生成新的课程内容。因此，教研组长以"撰写课程故事"为目标，设计了"课程故事是什么""课程故事的价值与意义""课程故事内容的来源""课程故事的撰写"等几个小主题教研活动内容，依序设计了系列教研活动方案，确保目标达成。

好的教研活动设计能实现通过教研活动提高保教质量的目的。教研活动的设计者，不能"眉毛胡子一把抓"，而是要抓住主要目标，做到心中有数。抓住教研活动中的主要目标和关键问题是教研活动能"对症下药"的前提。

（三）学前教育教研活动设计让教研活动"事半功倍"

教研活动的设计水平在很大程度上影响着活动的质量与效果，也影响着活动能否持续开展。[①]

---

① 陈坚：《教研活动的策划、流程与评价》，载《教学与管理》，2012(31)。

案例

在"小班家长工作的有效开展"教研活动中，一个主持人在活动前没有进行严谨的设计，活动开始后直接把话题抛出来，参研者也没有准备，并且有些参研者对话题不感兴趣。这些导致活动现场出现了冷场、话题中断、答非所问、流于形式等问题。另一个主持人也开展了同一主题的教研活动，并在活动前做了精心设计：首先调查小班组老师在家长工作中存在的问题，查阅相关资料并收集相关案例，撰写了具体对话方案，明确了活动的目标和过程；然后在活动前将研讨的主题抛给中大班的老师，并邀请他们思考；在活动中根据设计的方案有序推进，并采用案例讨论的方法有针对性地研讨问题，活动现场参研者争先恐后地发言……

从以上案例中可以看出，经过精心设计的学前教育教研活动，准备充分，目标明确，方法得当，实用性强，操作性佳，质量高；而没有经过设计的教研活动低效甚至无效。为此，精心设计教研活动，能达到事半功倍的效果。

好的设计能够令参与者在充分准备的前提下，全身心投入教研活动，高效实现教研活动目标。随着学前教育改革的不断深入，新的教育理念、教育方式都给教师的专业水平和教育质量带来了新的挑战，而迎接挑战、架起成长"桥梁"的关键就在于教研活动能够发挥应有的价值，学前教育教研活动的精心设计就显得极为重要。

第二节　学前教育教研活动的设计原则

案例

随着信息技术的快速发展，主题式网络教研成为区教研活动常用的形式。但网络教研过程相对开放，结构相对松散，教研过程中的直接介入无法像现场教研那么有效。因此，前期设计和充分准备对于教研活动的顺利开展和有效性具有关键的作用。唐老师对每次教研活动都进行细致的策划和设计，具体如下。

（1）收集汇总，并挑选具有代表性的游戏案例作为教研的对象。游戏案例直观、生动，教师喜闻乐见，对于提高参与度特别是达成教研目标具有积极的意义。

（2）对每次教研的微调查问卷、研讨话题等进行具体设计。设置微调查的目的是从量的维度了解教师对游戏中幼儿行为的分析角度，设置研讨话题的目的是让教师充分表达，展开对幼儿行为的深入分析。

（3）对时间、具体工作、人员分工等做出细致的安排，保证教研活动的顺利实施。

（4）撰写教研预告，制作教研通知模板，传递给每所幼儿园的每位教师，提高教研参与率。

看似普通的教研活动，其实蕴含着组织者对教研活动主题、内容等的思考与设计。准确把握教研活动设计的要点和要求，是支撑学前教育教研活动有效开展的重要保障。

一、学前教育教研活动设计应遵循的原则

在集团开学教研工作研讨会上，负责集团保教工作的业务副园长易老师，组织各分园保教主任共同讨论教研工作计划。翰林分园教研主任廖老师说："刚开园一年，班级共有 14 个，新教师众多，教研活动设计针对新教师当前遇到的问题开展是当务之急。"亚太分园保教主任刘老师提出："经历了一学期课程生活化探究，老师们的课程观念、教育行为明显转变，但是参与研讨的兴趣似乎没有之前浓厚。"后堡分园保教主任马老师讲道："目前，老教师们对生成活动的研讨比较积极，但所呈现的课程效果有些模式化，感觉遇到了瓶颈。"……

针对大家的发言，易老师说："不错，每个分园的教研管理者都能发现本园教研中的问题，教研活动设计就是要从找准问题出发，考虑园所教师的实际情况，调动参与者积极思考，以高效开展教研活动为目的设计教研活动过程。"

教研活动是助推教师保育教育能力提升的关键活动，因此，教研活动的设计尤为重要，好的教研活动设计有原则可依，有规律可循，那教研活动设计应遵循哪些原则呢？

（一）问题性原则

问题性原则是指在进行教研活动设计前要发现保教活动中的问题，并梳理出关键问题，然后将问题转化为教研活动，通过目标引领设计，有针对性地抛出系列研讨话题，促使活动有层次地推进。抓准要解决的问题是设计教研活动的第一步。发现问题是所有研究的开端，所以提出问题是研究的起点，有了问题才有研究的内容。问题找得越准确，分析得越清楚，目标就越聚焦，教研活

动的实效性就越强。然而，现实的教研活动中，存在着"找不到研究问题，或者找到了研究问题也是宽泛而空洞的假问题"的情况。发现问题甚至比解决问题还要重要，发现问题是教研的先决条件。

发现问题的途径有四种：通过问卷调查收集问题；通过日常保教工作视导、督导发现问题；通过日常与保教人员的交流对话发现问题；通过评价、反思、研讨发现问题。

案例

期末，某幼儿园业务园长向老师们发起下学期的研讨问题调查：你在本学期教育教学活动中遇到的最大困难是什么？你希望下学期的教研活动能帮你解决哪些方面的问题？收集到老师们的反馈后，业务园长对结果进行统计和分析，发现老师们在活动区这一块存在很大的问题或困惑，这一调查结果也与教科室在对老师们日常工作督导过程中发现的问题一致，所以，选定"活动区"为主题后，业务园长再次发起更聚焦的调查：你在活动区活动中遇到的困难分别有哪些？请根据需要解决的迫切程度列举 3～5 个。再次对老师们的反馈结果进行统计和分析，然后确定了三个方面的教研小主题，分别是：如何投放适宜的活动区材料？如何有效地组织活动区活动？如何在活动区活动中观察幼儿的游戏并提供适宜的指导以促进幼儿在原有水平上的发展？

在以上案例中，业务园长第一次调查出的问题散、多、杂，必须梳理聚焦共性和典型的问题，那么如何筛选聚焦？业务园长采用调查法来聚焦核心问题。教研活动设计者要学会发现真问题，然后从诸多的真问题中提炼出一个急需解决且有意义的问题作为研讨主题，最后围绕研讨主题设计一系列相关的教研活动，以此来解决问题。

（二）适切性原则

适切性原则是指教研活动目标要符合参研者的需求和实际水平，教研活动内容要根据不同类别保教人员的发展需求，关注其真实的工作实践场域，切实解决保教人员教育实践中的具体问题。

案例

本学年，某幼儿园新教师教研组教研活动的主题是关于区域活动学习资源的研究。在召开小组会议之前，两位组长进行了多次讨论。区域活动学习资源是一个大而广的概念，如果只用一年的时间进行研究，最后的研究结果只能是皮毛，并不能引发深度的思考。因此，两位组长决定将研究点缩小，由浅入深，由点及面。

在查阅了大量资料后，教研组成员总结出区域活动的三要素，即环境、教师和幼儿。令人惊讶的是，在注重家园共育的现代社会，"家长"这一字眼竟然没有出现在要素之中。基于此，教研组长设定调查问卷，以班上的家长为对象，进行了一次关于区域活动知多少的调查。调查结果让教师们大跌眼镜。填写问卷的家长以80后居多，且大多非常关注幼儿的教育质量，花在亲子陪伴上的时间也比较多。然而有超过半数的家长不清楚班上所设活动区的数量及名称，对区域活动的界定仍然停留在玩得开心等情感体验上，很少提及教育价值。于是教研组召开了第一次全组会议，集体讨论本年度教研活动内容，最后集合大家的智慧，将本年度的研究内容确定为：以家园合作为切入点，结合区域活动形式、环境创设、教师指导、幼儿自主学习等要素，向家长普及区域活动的教育价值及意义。

在案例中，教研组长根据新教师的发展实际，采用自下而上的方式确立教研活动内容，符合新教师的实际需求。适切的内容才能促进保教人员专业知识的增加、专业能力的提高、专业态度的培养。

（三）思辨性原则

思辨性原则是指教研活动设计中要注重教师的积极参与，调动教师的积极思考与辩论，将教研活动中的信息经过内在思维的加工，实现个人观点和他人观点的双向融通。

很多幼儿园都非常重视教研活动，坚持每周开展教研活动，但有些幼儿园在教研活动设计中，缺乏深度思考，在设计问题时往往以主持人能把控的内容为主，忽视教研主题在引发教师自主思考，调动参研者质疑和争辩、批判与创造等方面的考量，致使教研活动每个环节都被预设内容塞满，缺乏动态留白。思辨性原则的关键在于研讨问题的设计要有极强的启发作用，问题小而有针对性、层次性，对于难度大的问题可把问题分解、提问细化，多设计一些发散性的问题，激活教师的已有经验，使教师运用已有经验思考研讨问题，或借鉴他人成功的案例思考自己当前面临的问题，从而获得解决问题的有效策略。

（四）实效性原则

实效性原则是指要以教研活动实际成效为目的设计教研活动。在教研活动设计之初，可根据活动目标事先设计相应的评价指标，在教研活动中和活动后，可采用过程评价和结果评价相结合的方式，对教研活动的实效性进行分析。这些都有利于教研活动梳理出能够指导后期实践的有效经验。

教研活动实效性设计还可在某些环节预设一些评价性提问，或是将主持人提炼结论环节留白，根据参研者参与研讨的具体情况，灵活设计活动的目标、内容和方式。

（五）创新性原则

创新性原则是指教研活动立足实际，体现时代新要求，实施方式充分发挥群体智慧，研究结果有新发现、新发展。创新是时代赋予学前教育的使命，也是教研活动的本质所在。创新性原则就是在教研活动中不断解放思想，不迷信权威，针对问题勇于实践探索，发现解决问题的方法。创新性原则注重在教研活动中总结梳理新经验、新成果。此外，创新性原则注重研究不同领域和同一领域的新理论、新成果在实践中的运用，以促进保教队伍素质的提升。

二、优秀的教研活动设计者需要具备的素养

案例

随着区域课程领导力项目的整体推进，某幼儿园作为深度参与课程建设的项目园之一，以此为契机，提升教师的课程领导力。刘老师觉得自己作为教研组长，要带领教师更新课程观念，深化对幼儿园课程的认识和理解，要以课程促进儿童和教师双主体的发展为定位来设计系列教研活动。于是，结合幼儿园的区级专项研究项目，刘老师确定了专题教研活动"幼儿园园本课程建设的实践与探索"。

刘老师虽然明确了教研活动专题，但对如何设计序列性主题教研活动仍然感到茫然。为此，她首先提升自己对课程领导力的理论认识，阅读了《幼儿园课程概论》《幼儿园课程图景——课程实施方案编制指南》《看得见儿童　找得到课程》等课程方面的书籍，逐步理解了幼儿园课程的相关理论与优秀园所的实践经验，同时积极参加了各种课程培训学习。通过这些自我学习，刘老师有了一些教研底气，但她觉得理论高度还不够，于是又向高校课程专家请教。"幼儿园园本课程，一定要根据幼儿园实际的资源来开发，资源在哪里，课程内容就在哪里。"专家的指点如醍醐灌顶。明晰了理论，还要立足实践，刘老师又采取多种方式与老师们交流园本课程的实践状况，最后确立了"开发课程资源提高课程设计力""撰写课程故事提高课程实施力"等系列主题教研活动方案，将专题项目任务细化，实现具体化和可操作化。

案例中的刘老师通过区级专项研究项目及时捕捉当下学前教育研究的热点和难点，又通过自主学习书本理论提高自己的指导能力，还向专家请教明晰教研活动的方向，刘老师的这些努力使教研活动设计更具有针对性和实效性。

教研活动设计者是教研活动成功与否的关键性人物，这个关键性人物的素

养非常重要，设计者的能力会直接影响教研活动的质量和效果。教研活动设计者只有具备一定的素养，才能有效地提升教研活动实效。

（一）要具备前瞻性眼光

教研活动设计者要具备前瞻性眼光，具有敏锐的洞察力和预见性，能够准确地把握国家、区域对于学前教育的要求；要具备丰富的教育理论与实践知识，能站在区域发展、园所发展、教师发展、儿童发展的角度全面思考。只有这样，才能合理地进行教研活动规划，并做好充分准备，帮助参研教师保持清醒的头脑，充满底气地面对学前教育改革，进行大胆的探索和研究。前瞻性眼光还包括提出有思考性、值得深入探讨的问题，归纳有价值的观点，总结活动收获。

（二）要具备主动学习能力

教研活动设计者要具备主动学习能力，树立终身学习的理念，通过不断学习和钻研更新自身的知识，当好专业前行者；同时保持旺盛的学习热情，虚心学习、主动吸纳，在提供专业引领的过程中，通过教研反思，反复充电，兼收并蓄地获得自身的专业成长，让自己在教育教学中有汩汩而流的源头活水。教研活动设计者还要以一种积极的学习状态潜移默化地影响带动身边的参研教师享受学习、研究、获取新知的快乐。

（三）要具备资源统筹能力

教研活动设计者需要广泛寻找与教研活动主题相关的资源，并与之建立联系，争取多方支持；同时，在设计教研活动时要进行资源分析，看看哪些资源已经具备，哪些资源暂时还不具备，哪些资源可以借力。教研活动设计者要有大的资源观，不要只将专业支持资源限于本园，还应将高校、教研部门、其他园所等纳入视野。多样化的资源支持能提升教研活动的品质，有机整合各项优质资源体现了教研活动设计者的智慧。

教研活动设计者作为教研活动的关键人物，要具备的素养很多，其中前瞻性眼光、主动学习能力和资源统筹能力是最关键的，这些素养的形成有赖于经验的积累、感悟的内化和能力的提升，更依靠设计者对教研活动孜孜不倦的积极追求。

第三节　学前教育教研活动的设计流程

学前教育教研活动设计以分析现状为起点，以保教人员专业发展和区域园所保教质量提升为归宿。教研活动设计形式多样，但基本设计流程是有共性的，包括准备阶段的设计、实施阶段的设计和撰写计划三个部分，共七个环节（见图 1-1），本节将针对这七个环节进行具体阐述。

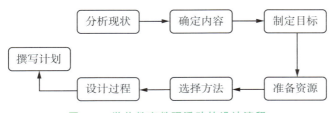

图 1-1　学前教育教研活动的设计流程

一、准备阶段

学前教育教研活动准备阶段的设计是教研活动设计的起点，直接决定着教研活动的目标和价值，教研活动准备阶段的设计包括分析现状、确定内容、制定目标和准备资源四个环节。

（一）分析现状

教研活动的设计从分析现状开始，只有摸清参研人员实际需求才能设计出适切的教研活动内容和目标。分析现状就是针对当前教研活动的开展情况进行分析，比如教研活动有什么好的做法、存在什么问题、取得什么成果，国家、区域对保教人员有何新要求等，分析现状不一定面面俱到，但一定要客观真实。可以深入现场开展调研，发现保教工作实践中的主要问题。现场调研方式有很多，诸如问卷调查、访谈座谈、现场察看、头脑风暴等，其中问卷调查比较方便快捷。

 案例

某幼儿园通过问卷星开展教研现状的调查，确定教研活动方向。问卷包括两部分内容：一是基本信息，二是课程设计与实施现状调查。通过基本信息统计我们发现：工作年限在 1～5 年的教师有 57％，5～12 年的有 34％，12 年以上的有 9％；全园市区级骨干教师有 34％，其中青年教师占比大；教师呈现差异化发展的状态，两极分化比较明显，年轻教师的教育教学能力还需大幅度提升。通过课程设计与实施现状调查统计，我们发现：现阶段教师关注的问题主要聚焦在生成活动（27％）、劳动教育（24％）、幼儿成长档案袋（26％）、活动评价（23％）四个方面。

从以上案例中可以看出，分析现状就是要寻找保教人员实践工作中的共性问题，摸清不同的需求，让保教人员从被动的"你让我参加教研我就参加教研"的状态转变为主动的"我要参加教研"的状态，让每个参研者都喜欢教研活动，成为教研活动的主角。

分析现状还需分析目前学前教育发展的新形势新要求。保教人员要通过阅读相关文件、阅读前沿理论书籍和期刊等方式，了解学前教育改革的信息与同行相关研究的经验，以此保证教研活动设计的方向性和时代性。

（二）确定内容

教研活动内容是教研目标得以落实的载体，是在教研活动现状分析基础上形成的，具有全面性、连贯性、针对性等特点。教研活动内容可以来源于保教工作实践，一日活动中与幼儿、教师、保育员相关的一切因素皆可能成为教研活动的内容；教研活动内容可以来源于国家、地区行政部门的政策文件，如对政策文件的解读学习、对要求的落实等；教研活动内容还可以来源于保教人员专业素养的培训。

案例

某幼儿园根据前期的问卷调查，结合教师的需求和幼儿园的工作重点，决定本学期采取四个教研主题并行的方式开展教研活动，并以骨干教师为组长展开研究。这四个教研主题分别是"生成活动如何有效开展""主题教育活动中嵌入式评价探究""项目式劳动教育实践案例探究""幼儿成长档案袋评价探究"。其中在"生成活动如何有效开展"这一专题教研中，幼儿园根据教师的需求，设置了两个教研内容：一是开展观察与讨论，寻找活动生成点；二是结合班级幼儿兴趣及发展现状建构生成活动网络图。

（三）制定目标

教研活动目标就是教研活动要达到的预期效果，一般来说，教研活动目标的制定可以针对工作实践中的问题解决，可以针对教师专业素养的提高，可以针对良好教研氛围的营造，还可以针对专项研究的成果。然而，在实际教研活动中，目标的设定常常会出现可有可无、形同虚设的情况，其原因主要是设计者对目标认识不到位，为了目标定目标，目标内容宽泛，不能聚焦具体问题的解决。教研活动目标的制定既要从幼儿园保教质量整体发展考虑，也要从参研人员个体需求发展考虑，换句话说，教研活动目标的制定既要体现科学性、灵活性，也要体现针对性、操作性。

案例

在"生成活动如何有效开展"这一专题教研中，某幼儿园教研组长结合现阶段班级开展生成活动现状，制定了该教研活动的总目标、阶段目标以及月目标，不断提升教师的课程设计和实施能力（见表1-2）。

表 1-2 ××幼儿园教研活动目标

总目标：
1. 提升教师的课程设计和实施能力，形成具有园本特色的生成活动的典型案例。
2. 在行动研究中提升生成活动的有效性，使幼儿在原有水平上获得发展。

阶段目标	月目标
启动阶段： 通过专题阅读理解生成活动的内涵，明确生成活动中的角色定位，知道生成活动的三种类型。 开展优秀生成活动案例分析，理解生成活动是一个动态过程。	9月： 积极参加共读活动，能在集体面前大胆表达自己的观点。 在阅读和分享中理解生成活动的内涵、类型以及角色定位。
	10月： 通过优秀案例分析，理解生成活动是一个动态过程。 分年龄段讨论活动生成的价值，树立正确的儿童观——"儿童是主动的学习者"。
实施阶段： 选择试点班级开展行动研究，在生成活动的开展过程中进一步理解其内涵和意义。 形成生成活动典型案例，使幼儿在原有水平上获得发展。	11月： 展开观察与讨论，寻找活动生成点。 结合班级幼儿兴趣及发展现状建构生成活动网络图。
	12月： 分班开展生成活动，及时收集整理活动资料。 通过同伴互助、专家引领解决课程实施过程中的疑惑和问题。
总结阶段： 梳理生成活动有效开展的流程；总结生成活动有效开展的影响因素；提炼生成活动有效开展的有益经验。 在实施与总结的过程中，促进师生的共同成长。	1月： 梳理生成活动有效开展的流程，不断优化活动方案。 交流班级生成活动案例，探讨生成活动有效开展的影响因素。
	2月： 开展生成活动案例交流活动，提炼生成活动有效开展的有益经验。 激发教师的课程意识，促进幼儿、教师双主体的发展。

从以上案例中可以看出，教研活动目标必须有针对性，要与现状分析相匹配，教研目标既可以是本次活动要达成的即时目标，也可以是活动的阶段性目

标，它是教研活动设计与实施的起点与归宿。

（四）准备资源

准备资源是教研活动设计的重要元素，科学、完善的资源准备不仅是教研活动顺利开展的保障，更是教研活动成功的关键。教研活动资源主要包括人力资源和物质资源。其中人力资源既包括教研活动主持人和参研教师的经验准备，也包括相关专家的支持；物质资源则包括教研场地，研讨过程中所需的材料、设备等。围绕教研目标进行教研活动资源的精心准备，能使教师们在研讨过程中有话说，能推动教研活动的深入开展，从而真正地解决教研问题。一般教研活动资源准备可从以下三个方面进行。

1. 教研活动经验准备

教研活动经验准备是指教研组织者和参与者为达成教研目标应具有的相关专业知识、技能和情感经验等。

教研组织者既是搭建教研平台的服务者，又是专业引领的支持者。教研组织者应该明确，保教人员的专业发展是一个连续的、渐进的、螺旋上升的过程，自己在组织任何一个教研活动时都要"思前""顾后"；对研讨的内容和目标要提前进行细致分析，做一些知识与经验的储备，做到领先组员一步，这样在组织活动时就能自如面对参研者的各种问题，对研讨主题有自己独特的理解，促使教研活动聚焦重点、结论更深入。参研者提前了解教研内容、目标，做好相关的理论知识学习和相关的实践案例准备，中心发言人做好教研准备，能为教研活动的推进奠定良好的基础。

 案例

××幼儿园将围绕"活动区活动中如何支持幼儿的深度学习"开展小组研讨，相关人员做了以下准备：教研组长确定提供活动区活动的班级；参研教师录制自己观察到的幼儿在活动区活动中的深度学习视频；参研教师查阅关于深度学习的相关理论并进行内化；教研组长查阅活动区活动中教师的有效支持策略，深度学习相关的文献并梳理形成一定经验；中心发言人围绕"活动区活动中如何支持幼儿的深度学习"列举典型案例并提出自己的困惑。

在案例中，教研活动准备清晰全面，参研教师明确研讨任务，提前学习与深度学习相关的教育理论并录制活动案例，为活动顺利进行提供了保障。

2. 教研活动物质准备

教研活动物质准备是指每次教研活动所需要的操作材料、场地等的准备。物质准备看似看得见、摸得着，无需花太多精力，其实不然，如果我们在物质准备中使一些巧劲儿，不仅能保证顺利达成教研活动目标，而且还能为教研活动增色。

案例

某区教研员根据全区关于"区域教研的问题与需求"调查问卷整理出大多数镇中心园亟待解决的问题是：如何利用有效的空间开展适宜的体能运动。该教研员根据此问题策划了"幼儿园小空间大运动促进幼儿身心发展"的现场研讨活动，确定研讨活动目标为：获得利用幼儿园各种空间组织适宜的运动活动的策略；能在活动中观察幼儿的运动发展并给予适当的支持。为了达成研讨目标，该教研员做了以下教研准备：通过多次现场调研，确定××幼儿园为教研活动现场，原因一是××幼儿园户外条件不足，符合本区大多数幼儿园园舍的特征；原因二是××幼儿园在"小空间大运动促进幼儿身心发展"方面有一定的研究基础和成效。该教研员还从"我看到的小空间大运动""运动中幼儿的发展""教师的支持策略""我的思考"四个维度设计参研教师教研活动观察记录表，对教研现场活动观摩场地、集中研讨场地、分组讨论场地等做了整体规划。

3. 教研活动信息技术准备

教研活动信息技术是管理和处理信息所采用的各种技术的总称。在互联网时代，信息技术已成为提升教研活动质量的重要手段，信息技术手段便捷、及时、跨时空，教研人员在进行教研活动现状分析时常常通过信息技术手段收集问题、统计数据。

案例

某教研员在设计"有效实施幼小衔接"教研活动时，由于参研教师来自区里不同幼儿园，活动前她利用"问卷星"设计了关于本区幼小衔接现状调查的问卷，并统计了出现频次高的语词，建立了研讨微信群，推荐了《教育部关于大力推进幼儿园与小学科学衔接的指导意见》等相关重要文件和优秀文章，让参研者提前学习，弄清了"什么是幼小衔接""目前的幼小衔接存在哪些问题""开展幼小衔接工作应遵循哪些基本原则"。为了消除参研者的陌生感，她还精心为参研教师制作了姓名牌，将《教育部关于大力推进幼儿园与小学科学衔接的指导意见》要点做成 PPT。

在案例中，某教研员利用信息技术设计网络调查问卷，快捷收集相关信息并通过技术手段统计出现频次高的语词，让参研者对幼小衔接现状一目了然。

精心设计的姓名牌也为教研活动增色不少，它省去了常规教研活动一开始的"破冰"环节，拉近了参研者之间的距离；利用PPT进行文件要点的讲解，给予参研者视觉与听觉的双重刺激，更加让人印象深刻。

教研活动的每一项准备工作都与教研质量的高低相关。因此，在做教研活动准备的设计时，一定要细思、细研每一个教研环节，为每个细小的环节做必要的、充分的准备，让教研准备助推教研过程的层层深入，有效实现教研活动目标。

二、实施阶段

学前教育教研活动的实施阶段是教研活动的重难点阶段，直接关系着参研者的参与感和教研活动的效果，因此对教研活动实施阶段的设计显得尤为重要。

（一）选择方法

教研活动目标、内容、过程策划好了，选择什么样的教研活动方式才能有效推进教研活动过程也是教研活动计划必须设计的要素。下面重点阐释设计教研活动常选用的方式及其特点和组织步骤。

1. 连环跟进式现场研讨教研活动

案例

为了推进活动区活动的有效开展，教研员周老师设计了系列活动区教研活动方案，以下是每次教研活动方案的目标和大致过程的设计内容。

第一次教研活动：目标聚焦活动区创设的基本理念。观摩小班活动区活动，围绕班级区域布局的合理性、材料投放的有效性进行研讨，并梳理各年龄段活动区材料投放清单，使参研教师对各年龄段合理创设活动区有初步的认识和了解。

第二次教研活动：目标聚焦活动区的设计。周老师选取一个小班的主题活动目标，请参与者分组围绕这个主题活动目标，现场设计小班活动区并阐明设计理由，分享设计思路，使参与者在活动区创设时有整体意识并从幼儿的视角审视区域创设的价值。

第三次教研活动：目标聚焦活动区活动的有效实施。参与者观摩根据设计图创设的小班活动区的活动，重点关注幼儿在活动区的活动情况，观察幼儿喜欢哪些区域，是怎样游戏的，哪些材料幼儿操作最多等，对照第一次的设计再次调整活动区布局及材料投放。

第四次教研活动：目标聚焦活动区活动的质量评价。这次教研活动重点研讨活动区的评价标准，以语言区为例，参与者讨论了语言区评价要点，然后依据评价要点观看了语言区活动并进行诊断评价，最后集体研讨并总结活动区的共性评价要点及语言区评价要点。

案例中的四次教研活动设计就选用了连环跟进式现场研讨教研活动方式，每次教研活动的目标都具有延续性和连贯性。

连环跟进式现场研讨教研活动方式是针对幼儿园一日活动中某个保教问题深入现场进行研讨的方式。教研活动研讨的问题、改进调整的策略方法、活动的效果都是真实具体的，教师可辨可言，可模仿可学习。这种教研方式是幼儿园管理者和教师最喜欢的教研活动形式，也是最及时有效的教研活动方式。

(1)连环跟进式现场研讨教研活动的特点

连环跟进式现场研讨教研因其问题来源与问题解决的路径都扎根于保教活动现场，具有以下特点。

①聚焦性。

幼儿园一日活动中的问题及表现方式多种多样，比如仅区域活动创设和组织一个环节就可能在区域数量、材料、师幼互动等方面出现问题。连环跟进式现场研讨教研活动每次聚焦一个问题，如此能让教研活动对话集中、深入，有效实现目标。

②跟进性。

在上述案例中，周老师围绕活动区设计与实施主题开展的第一次教研活动使教师们获得活动区创设的正确观念；第二次教研活动即设计一个小班活动区方案；第三次教研活动设计是通过现场观看活动区活动诊断设计方案的适宜性，观察幼儿的活动状态及材料是否符合幼儿发展需要，并调整活动区域布局等；第四次进行活动区活动评价的设计，使教师们知其然，更知其所以然。这就是跟进式现场研讨教研活动跟进性的特点。紧扣主题持续跟进研究过程中出现的问题，每次教研活动都为下次教研活动提供主题或方向，使后续的教研活动不断丰富完善已有的结论或观点。

③实效性。

选用连环跟进式现场研讨教研活动方式的目的是基于活动现场解决问题，具有实效性。如周老师设计的第三次教研活动，在观看现场研讨，就是基于事实解决问题。跟进式现场教研活动方式使教研活动解决过程可见，研讨的结果与观点能复制运用，能有效促进教师保教行为改变以及教研活动成果产生最大效益。

(2)连环跟进式现场研讨教研活动的设计

①确定研讨主题。

每次现场研讨教研活动一定有一个主题。研讨主题来自幼儿园一日活动中最亟待解决的问题，比如教师个体或群体最有兴趣探究的问题，活动中最易出现的问题，五大领域重要的核心经验等。将这些问题进行梳理和提炼，最终确定研究的主题。

②设计研讨内容。

依据研究主题，教研活动主持人和执教教师选择最能体现活动现场的重点、难点、价值点的课例和研究内容。集体解读内容，初步达成共识，执教教师基于共识设计或修订活动方案。当然设计教研活动的内容不仅包含具体的活动内容，还包括教研活动的形式，比如是一课三研，还是同课异构的方式等。

③走进现场观看活动课例。

观看活动课例是研讨的基础，是参研教师围绕教研活动主题，带着教研的问题走进现场，观看执教教师实施活动，围绕活动内容进行记录和思考，获得真实而丰富的现场活动信息的过程。

④对话研讨和提炼观点。

参研教师先整理自己采集到的信息，进行独立的初期诊断和分析以备研讨。如果参研的人数比较多，可以先进行小组研讨，形成小组意见进行汇报；主持人回应小组发言，梳理形成观点鲜明的结论，提出明确的改进措施，或将出现的新问题抛给大家继续思考，以帮助活动的优化。

⑤实践行为改进。

连环跟进式现场教研活动方式的具体实践思路，就是执教教师独立或小组设计＋说活动→自我反思＋集体观看＋研讨→改进课例设计＋实施活动→再次集体观看＋研讨，最后形成较为优秀的活动案例。

2. 研训结合教研活动

 案例

教研组长刘老师设计了"幼儿园领域教学游戏化"教研活动项目，计划教研两学期。第一学期教研活动主题聚焦"幼儿园语言活动游戏化设计与实施"。在制订的教研活动计划中，第一次教研活动内容是邀请专家来进行"课程游戏化"专题培训，第二次教研活动内容是"幼儿园语言活动游戏化设计与实施"理论学习交流，第三次教研活动内容是设计大班诗歌"吹泡泡"仿编活动，通过集体备课、同课异构等方式现场研讨如何将培训中学习的游戏化策略落实到设计案例中。

从以上案例中不难看出，研训结合教研活动方式是针对区域或幼儿园当前突出存在或急需解决的问题，进行专题理论学习，进而指导实践行为，是理论培训学习与实际研讨高度融合的一种教研活动形式。

（1）研训结合教研活动的特点

①理论指引。

研训结合教研活动方式立足保教中的具体问题和现象，强调研究的深度，以理论为基础展开研究，将理论与实践有机结合。

②理实融合。

研训结合教研活动方式呈现了研与训两种不同的教研活动形式。训可提升教师对教研活动问题的理论认识，帮助搭建思维鹰架；研是教师将理论认识转化为实践，可全面提升参研者的理论和实践能力。

③实证内化。

在培训学习中，教师基于个人经验对各种观点或理论形成一定的认识和理解，只有将理论运用于实践才能真正实现理论的价值和教研活动的价值。

（2）研训结合教研活动的设计

 案例

在一次教师对话交流中，教研组长唐老师发现老师们把数概念学习目标或内容当成核心经验。针对老师们出现的问题，唐老师认为理论的薄弱是根本原因，有必要对老师们进行数概念核心经验的理论培训，对活动目标及教学设计中的幼儿行为表现进行理论学习，因此确定了"基于数概念核心经验学习的大班幼儿单数双数活动教研"的研训主题，设计了相关理论的培训学习＋现场课例研讨的教研内容。

理论学习内容设计：微格培训，微解读数概念的核心经验，帮助老师们建立数概念的基本认识。参与培训的老师按照每条核心经验的具体内容，结合工作中了解的幼儿的经验，回顾先前读书学习时掌握的知识，再对照单数双数活动进行靶向解释，如刘老师分享数概念的核心经验之一是数字有多种用途，有些更具有数学意义。一个数字在不同的情境中可能代表不同的事物。在单数双数活动中，当问"这里有几个圆点"时，指向的是基数，10以内数字中1、3、5、7、9是单数，2、4、6、8、10是双数，则是基数规律。

现场课例观察设计：确定大一班王老师组织一节计数活动，参研教师观看幼儿学习现场，观察幼儿在计数活动中的行为表现，再围绕"你观察到的大班幼儿是如何计数的？有哪些共同特点？"帮助老师们深刻理解幼儿的数概念轨迹。

理论培训学习为老师们观察幼儿数概念学习提供了支架，现场课例研讨让老师们看到并看懂了幼儿计数行为的诸多表现，知道了行为背后的原因。研训结合教研活动使老师们真正做到了理论联系实践，理论引领实践，让理论落地。从上述案例中可以看出，理论培训与实践操作在研训结合教研活动中同样重要，建构理论是基础，改善行为是落脚点，遵循理论—实践—反思理论—指导实践路径，研与训并重，才能高效促进教师专业能力的提升。选用研训结合教研活动方式要注重以下要素。

①理论学习。

重视理论对教研活动的指导作用。如唐老师针对老师们在单数双数讨论中出现的理论薄弱问题，先丰富数概念核心经验的理论，然后用理论认知识别真实活动中的数概念学习行为，有效回应指导幼儿。

②现场应用。

把理论应用于现场活动是研训结合教研活动的归宿。比如在单数双数活动中，"教师出示的是数字圆点卡片1～10，而不是只有数字""为什么小朋友判断单双数时要有雪花片材料"等都能生动说明幼儿学习基数的特点。老师们现场观察幼儿的学习表现，根据观察时使用的教学策略方法去理解理论，并指导自己的教学行为。

③反思强化。

活动后要及时反思，要回到幼儿本身去聚焦观察理解他们的学习。教师需要不断实践，才能深化理论认识并实现自身教育能力的提升。

3. 课题研究教研活动

 案例

吴老师在组织幼儿园数学教研活动时，发现老师们的对话多停留在对数学领域的感性认识上，教研的深度不够、"研"味不浓。究其原因，吴老师发现近年来数学领域教研组成员变动较大，参研人员多为新入职教师、青年教师或从未开展过数学教育活动的教师，他们在幼儿数学学习的价值、内容体系及学习基本方法等方面都缺乏经验。如何提升老师们的研究能力？吴老师决定以课题教研活动为抓手开展研究，将科研与教研充分融合，提升老师们的研究能力。于是，吴老师申报立项了市级课题"操作性学习在中班幼儿数学学习中的应用研究"。通过两年的课题式教研，老师们明确了幼儿数学学习的意义、特点和主要方式。

以上案例说明课题研究教研活动方式通过科研与教研的有效融合，既能丰富教师的理论知识，又能解决教师在数学实践中遇到的问题，从而促进教师的专业成长，提高教研活动的质量。

（1）课题研究教研活动的特点

教研与科研在幼儿园是密不可分的研究工作。要把教研、科研有效融合，以科研带教研，以教研促科研，必须把握此类型教研活动的特征。

①连续性。

课题研究教研活动既是教师专业发展的基点，也是教师踏上幸福研究路的途径。一个课题研究时长一般为2～3年，要经历选题、开题、实施、结题四个阶段。因此，课题研究教研活动是以课题为主线，通过较长时间连续的教研活动完成课题研究目标的教研方式。

②整合性。

课题研究教研活动一个显著的特点就是科研与教研的整合。在组织过程中可采用三种整合方式：一是教科研人员的整合，即课题主研人员参与每次教研活动，并在教研活动中担任主持人、中心发言人、专业引领者等；二是教科研内容的整合，把科研内容转化为系列教研内容，将教研活动中的经验即时提炼为科研成果，通过推广验证教研成果，可促进全园各教研组及时共享课题成果；三是教科研目标的整合，即把课题的研究总目标细化成一次次的教研活动小目标，有机整合之后，可避免重复交叉的弊端。

③任务性。

一线教师的教研大多采用行动研究的方式。所谓行动研究，凯米斯的定义为"由社会情境（教育情境）的参与者，为提高对所从事的社会或教育实践的理性认识，为加深对实践活动及其依赖的背景的理解所进行的反思研究"。课题研究教研活动是教师在教育情境中为改善实践行为、提高活动质量而进行的研究，研究过程的核心是反思，研究内容是课题假设的任务。为此，在课题研究教研活动过程中，要一边实践一边对照课题任务反思总结经验与问题，在"实践—反思—再实践—再反思"的教研活动中完成课题任务。

（2）设计课题研究教研活动的注意事项

案例

通过三次连续的教研活动，课题组主研人员和幼儿园数学组教师已明晰"操作性学习在数学学习中的有效运用策略"，解决了课题研究中的困惑。老师们真正感受到，从发现问题到解决问题的这一系列学习、教研、探讨，其实就是在做课题。他们发现做课题其实并不难，原来研究型教研也可以开展得有趣、生动。

组织课题研究教研活动时要做到以下几点。

①将课题任务转化为教研活动目标，拟订教研活动计划。

科研与教研充分融合能减轻幼儿园老师的负担，不会出现一事多头的情况。教研活动策划者，特别是教研管理人员，要擅长将两者的研究目标统筹、筛选，将研究内容整合，拟订长期的、系统的研究型教研计划。

②设计多样化教研活动形式，跟进实施课题计划。

主持人要充分营造良好的研讨氛围，以对话、民主、开放、共进的教研态度，富有针对性、创造性和高效率地带动课题研究活动，在课题研究中有计划地培养参研人员的科研意识，用课题带动提升园本教研活动层次和水平，促进参研人员研究能力的提升。

③总结提升，梳理研究成果。

课题研究教研活动源于课题任务，重点在于实践过程，目的在于解决幼儿园一日保教活动中的真问题。要想使课题顺利结题，教研又富有实效，研讨后的总结提升、成果梳理必不可少。为此，每一次教研活动结束后的成果提炼、反思提升显得格外重要。只有反思才能发现新的问题，只有总结才能产生新的教研话题。

4. 理论学习式教研活动

 案例

一天，小李老师很苦恼地对教研员唐老师说："萌萌妈妈告诉我，一天家里来了3位客人，吃饭时妈妈让萌萌算算要加几双筷子和几个碗。萌萌却说不会，妈妈问她：你们大班不是学过10以内的加减法吗？萌萌回答：我只会老师教的那种，不会你这种。妈妈问她是哪种，萌萌说是写在黑板上的那种（1＋1＝2）。"唐老师问："你如何分析萌萌的数学学习行为？"小李老师说："我觉得萌萌没有牢固掌握10以内数的加减，我讲得不够好。"

针对此现象，唐老师觉得有些老师的教学观念还存在问题，还需要深度学习数学领域相关知识。于是她组织了一次以学习解读《3－6岁儿童学习与发展指南》为主题的读书沙龙会。在教研活动上，唐老师抛出话题："为什么我们教给幼儿的知识技能，幼儿明明已经学会，但到实际生活中却不会用？幼儿学与用的脱节说明了什么呢？今天我们一起来学习《3－6岁儿童学习与发展指南》科学领域，再次学习和解读数学领域教育目标和教育建议。"唐老师请每位参研人员领读不同条款，重点讨论对引导幼儿"初步感知生活中数学的有用和有趣"的理解，最后唐老师提炼总结道："在实际活动中，我们应避免只重知识、技能而忽略情感和能力，这就要求教师转变观念：幼儿学习的数学知识来源于生活，也要用于生活。不然，学与用脱节就失去了学习的意义。"唐老师的一番见解让小李老师明白了：理论学习是科学指导实践的出发点。

理论学习式教研活动的主体是教师个人，过程是团队交流分享，共同成长。学习式教研活动具体可分为读书沙龙、文献赏析、观点辩论。读书沙龙是通过分享读书收获、交流读书心得、碰撞读书方法而进行的一种漫谈教研活动，旨在通过惬意、宽松地聊书，营造出平等对话、人人首席的教研活动氛围，从而达到交流理论、碰撞观点的目的。文献赏析是对收集的文献资料，以教研活动的方式进行讨论、赏析，引导教师感受文献中作者的思想，品味作者的观点，领略作者的精神风范，从而达到拓宽教师视野的目的。观点辩论则是根据幼儿园教育教学实践中的问题或教师的困惑，选择某一个大家共同关注的话题，并提出两种或两种以上的观点，通过辩论比赛的方式将教师分成两组或者三组，在教研活动中进行辩论，从而达到展示思维、集中智慧、碰撞观点的目的。

（1）理论学习式教研活动的特点

有的幼儿园教师认为理论学习式教研活动很难组织，究其原因在于自身理论知识积淀不够，无法驾驭教研活动过程。幼儿园教师如果把握好此类型教研活动的几个重要特征，组织起来就会觉得轻松一些。

①主体性。

教师是教研活动的主体。首先，只有学习的主题、内容、方式根据教师的需求而定，教师才有参与的积极性；其次，教师是参与学习的主体，通过分享、交流获得共鸣和思考；最后，教师在教学实践中检验学习效果。

②共鸣性。

共鸣原指声音共振引起的效应，这里指在教研活动中教师与教师之间观点碰撞激起的火花、思想交流引发的启示，让大家同频共振。为此，想要开展好此类型教研活动，分享一本能引起大家共鸣的书籍，选择一个大家感兴趣的话题，围绕一个关键词查阅理论进行观点赏析成为必然。

③共享性。

共享性是指倡导同伴互助、平等对话，分享更多经验。它以学习理论为主，思辨性要求高。参研人员中多有高校专家、教研员、园长等，由于每个人的理解不同、认识不同、站位不同、观点不同，在分享经验的过程中可以使老师们快捷地获取多元信息。

（2）理论学习式教研活动的组织流程

 案例

陈老师担任业务园长多年。她觉得组织理论学习式教研活动是一件比较困难的事情，因为她只要说到让老师们提前阅读理论书籍，针对课题梳理文献综述，参研教师就纷纷推辞，不愿意承担教研活动任务。究其原因，老师们害怕理论，觉得自己只是一个实践工作者，理论学习离他们较远。面对幼儿园的这种情况，陈老师非常困惑，于是她不断探索有效方法，针对实践中老师们对艺术活动创造如何落实的困惑，设计了一次理论学习式教研活动。她首先将老教师和新教师混合分组，设计了齐读、领读、点读、自主读、拓展读等方式，让每个参研教师都有读的任务以及轮值分享交流，深入解读《学前儿童艺术教育》《〈3—6岁儿童学习与发展指南〉解读》《幼儿园美术教育与活动设计》中关于艺术活动模仿与创造的相关理论。她还设计了说书籍内容关键词竞猜书名，用生动的案例为引子，让大家带着问题到书中寻找解决办法的游戏活动，让老师们在轻松愉悦的氛围中学习内化理论。这样的设计把强制的、单一的读书变为激发兴趣和任务驱动，由此激发教师参与教研的热情，提高参研教师的积极性、主动性，增强自觉学习的愿望。

在案例中，陈老师根据教研内容的特点首先采用优势互补的原则将参研者进行分组，然后采用规定任务和自选任务相结合的方式，营造轻松平等的氛围，调动参研者的主体性。在进行理论学习式教研活动方式设计时需注意以下几点。

①创设和谐的学习型团队，让参研者敢说。

和谐的学习型团队体现了一种理念和技术，能提升参研者的专业能力。在这样的团队中，大家有共同的愿景。只有形成民主、平等、合作、创新的教研氛围，相互学习、共同交流，分享收获和认识，才能引发专业共鸣。

②建立良好的学习机制，让参研人员会说。

良好的学习机制能有效提升教研活动的质量，幼儿园应该建立一套符合本园实际的学习机制，如每次教研活动前的好书推荐、读书心得分享、名言警句诵读、教育思想剖析等。通过机制调动教研积极性，培养教师"说"的勇气、"说"的条理、"说"的观点、"说"的策略，让老师们不仅敢说，还要会说。

③精选共性的学习话题，让参研者能说。

只有确定好的教研活动话题，才能激发参研者的对话交流。面对不同专业水平、不同理论需求的参研者，前期需要充分调研。只有找到他们在教育实践中遇到的问题、难题和需求，找到大家都感兴趣的内容和话题，精选相关的优秀文章或书籍作为教研活动学习的内容，才能为参研者"能说"打下良好的基础。

④营造快乐的学习氛围，激发个体参研激情。

理论学习式教研是一个理性学习、与理论对话和思考的过程，相对于其他几种教研活动方式显得枯燥。如何让参研者喜欢学习、爱上读书、勇于辨析、将书中的理论变为个体内化的理解和诠释？如何将个人个性化的深度学习变为能引发大家思考的共性问题？只有营造快乐的学习氛围，让参研者在深度学习中找到专业成长的快乐，感受深度学习带给自己的转变，才能激发个体的参研激情。

⑤搭建轮值分享平台，增强学习自主性。

理论学习式教研活动倡导轮值分享，人人都来做教研活动主持人，经历完整的教研活动过程，从而增强参研者的责任感和主人翁意识，培养良好的自主学习习惯。例如，教研活动前的深度学习、精心准备，可以让主持人储备和积淀理论知识。教研活动过程中的仔细聆听、对话质疑、追问回应可以让主持人抓住问题关键，紧扣问题展开研讨。教研活动结束时的专业提升和引领，则可集所有参研者的研讨智慧，发挥主持人的高度提炼能力和总结能力，站在更高的高度审视问题。

（二）设计过程

设计教研活动过程是实现教研活动目标的重要环节，因每个教研活动的目标不同、内容不同、参与活动的教师不同，所以教研活动的过程和形式不能一概而论，需要不断创新，从单一走向多元。在具体的实施过程中，要根据教研活动目标、内容的不同，设计适宜的活动过程。

1. 设计教研活动过程应遵循的原则

教研活动的内容、过程虽有不同，但其目的是一样的，都是为了实现教研活动的目标。开展教研活动是为了解决保教实践中的问题，帮助教师提升专业素养，所以在设计教研活动过程时，应遵循以下几个原则。

（1）关注问题——以解决保教实践中的共性问题为基点

教师在保教实践中遇到的问题大致可以分为三类：直接性问题、探索性问题和反思性问题。直接性问题就是教师在工作中明显存在，需要直接面对，又必须解决的问题，如幼儿在活动中不会倾听他人发言、偏食挑食等；探索性问题是教育理论、教育观念成功转化为保教实践时遇到的问题等，如如何观察分析幼儿在游戏中的行为；反思性问题就是具有问题意识的教师为提高自己的专业水平，通过对自己保教行为的回顾和反思发现的问题，如为什么用游戏方法、幼儿注意力不集中应该如何调整和改进。不管是以哪种类型问题为主题的教研活动，在设计教研过程的时候，都要以最终的问题解决为目标，教研过程设计的每一个环节都应指向问题的解决。

 案例

9月开学第一周，小班的孩子哭闹一片，新教师面对这样的情况手足无措。唐老师发现这个情况后，设计了以"如何缓解入园焦虑"为主题的教研活动。参加教研活动的既有新教师，也有成熟型教师。活动一开始，唐老师播放了一段小班孩子哭成一片的视频，并提出问题："小班的孩子为什么要哭？"在老师们说出原因之后，唐老师接着又问："面对新入园的小班孩子，你采取了哪些措施？效果如何？"新教师纷纷说了自己的做法和成效。接着，唐老师又问："在这个过程中，你遇到了哪些问题和困难？"新教师的问题一个接一个，唐老师把目光投向了成熟型教师："面对这样的问题，有没有哪位老师愿意介绍一下自己的经验？"成熟型教师纷纷介绍起自己的经验，新教师听后豁然开朗。

在该案例中，以"如何缓解入园焦虑"为主题的教研活动解决的就是新教师保教工作中面临的直接性问题，通过新教师的问和成熟型教师的答帮助新教师掌握缓解小班幼儿入园焦虑的办法。

（2）关注过程——以培养教师的互助和反思意识为重点

 案例

某幼儿园开展了以"如何解读文学作品"为主题的教研活动。教研活动主持人先播放了一首儿童诗歌请参研教师听，然后把参研教师分成大、中、小三组进行研讨，研讨的问题是"怎样对这首诗歌进行解读"；最后进行集体交流，大家纷纷抢着发言。大班组："我们认为应当以小强的情绪体验为线索进行作品解读，我们的设计思路是……"中班组："我们认为根据事件发生的脉络解读故事更为恰当，下面请看我们的课程网络设计图……"小班组："我们有自己的想法，可以从故事中的细节去了解作品、解读作品……"

培养教师的互助和反思意识，就要在教研活动中促进参研者的思维碰撞。首先要有目的地搜寻对话的焦点，即精心选择话题。在教研活动中，教师对话的焦点问题最好是从教师中来，从实践中来，应是教师群体中比较集中、急需解决、带共性的问题，这样才能激发教师对话的兴趣；其次要巧妙地运用策略激发、引领教师进行思维碰撞，鼓励教师大胆表达自己的观点或意见，在争论和质疑中激发对话，同时应关注对话过程中的思维火花，及时调整、跟进预设的提问或内容，并善于将教师们产生的思想火花放大，将随之产生的新问题抛给教师，开启又一轮的思维碰撞；最后，在交流分享中推进对话，教研组长要善于对教师们的对话进行提升和引导深入，引导教师们的思维拓展，获取具体可操作的策略，真正解决工作中的难题和困惑。

（3）关注应用——以理论在实践工作中的应用为结果

教研活动的最终目的是让参研者把学习和吸收到的先进、科学的理念落实到保教行为上。研讨结束并不意味着教研活动的结束，教研活动的最后一项流程就是教研成果的运用，将结果运用到实践中是检验教研效果的最好方式。因此参研者后续的实践探索是教研活动结束后必不可少的环节，其功能在于检验教研问题是否得到解决，教研成果是否用于实践。为此，教研活动结束后主持人还要做好对参研者的跟进指导工作，使其获得思想与行动的统一，从而避免教研活动轰轰烈烈、实际操作因循守旧的现象。

 案例

××幼儿园组织了关于民间游戏的创新策略的研讨，教师们通过实践参与游戏的创新，梳理出玩法创新、材料创新、游戏组合等游戏创新方法。在幼儿园青年教师献优活动中，一名教师执教的民间游戏"打野鸭"，就在传统玩法的基础上，对游戏进行了玩法创新——一个猎人变成四个猎人增加游戏难度，游戏组合——与五步猫的玩法组合，丰富野鸭的躲藏方式增加游戏的趣味性。

案例中的教师执教的"打野鸭"正是教研成果在实践中运用的典型案例。教师只有将研讨结果内化成自己的经验，才能运用于实践教学。

教研活动的过程设计，要提倡教研活动前的充分调研，提高活动的针对性；改进教研活动过程的设计，避免活动的程式化；尊重教研活动过程的自然生成，反对过度预设的"教学秀"；重视活动过程中话语权的调控，重视活动后期研究共识的形成，以及进一步行为跟进的部署和落实。

2. 教研活动的流程设计

教研活动因每次具体的目标不同、解决的问题不同，所以设计的流程就有一定的差异性，主要有以下几种类型。

（1）以解决保教实践问题为主的教研活动的过程设计

以解决保教实践问题为主的教研活动，一般应开门见山，直接以遇到的实际问题为切入点，遵循"提出问题→案例交流→分析讨论→经验拓展→观点提升"的流程来开展和进行深入探究，以问题的提出开始，以问题的解决结束。

××幼儿园在组织教研活动"如何开展引领性的家长开放日活动"时，设计了以下环节。

环节一：教研活动背景介绍。有部分班级教师反映，对开展家长开放日活动的目标不是很清晰，不知道该如何有效地开展家长开放日活动。

环节二：播放家长开放日活动视频。

环节三：分析讨论班级家长开放日活动是否达到预期效果，有哪些值得学习和借鉴的地方，以及存在的问题有哪些，该怎么解决。

环节四：实作——我来设计家长开放日活动。指定主题，自由寻找伙伴合作或独立完成家长开放日活动的文案设计，让所学、所思变成行动。

环节五：总结梳理，请参研教师将设计家长开放日活动的策略进行梳理提升。

(2)以提升教师教学能力为主的教研活动的过程设计

以提升教师教学能力为主的教研活动在幼儿园很常见，主要适用于新教师，通常以课例的打磨为载体，遵循这样的流程：教学设计→教学实践→教学反思→再设计→再实践→再反思→再实践……以提升教师教学能力为主的教研活动，通常最后会有一个相对完善的课例呈现。课例从"不完善"到"完善"的过程，就是参研教师教学能力提升的过程。

××幼儿园开展的以"提升新教师集中教育活动质量"为主题的教研活动，以大班科学活动"有趣的根"为载体进行过程设计，活动目标如下。

1. 能仔细观察身边常见的根，对植物的根充满好奇，有探究欲望；

2. 了解根有多种多样的形态，认识几种常见的蔬菜的根；

3. 了解根吸收水分和养分的作用。

第一次教研活动：参研教师学习《3—6岁儿童学习与发展指南》里大班科学领域的目标及教育建议，设计了活动教案，主要有以下几个环节：①分享提前发放的调查表《有趣的根》；②观察蔬菜的根，说说根在哪里，是什么样子的。③出示记录表，分享交流，梳理根的类型；④配对活动：幼儿将图片上的根根据类型贴到记录表的相应位置；⑤讨论活动：根的作用。

第二次教研活动：由一名新教师根据大家共同设计的教案进行试教。活动结束后，教师们发现了两个问题：①幼儿整体兴趣不浓厚；②在说到根的形态和作用时，幼儿无话可说。经过分析，教师们发现这主要是由以下两个问题引起的：①教师提供的材料不够直观，幼儿没有兴趣；②教师说得太多，幼儿参与机会较少，很多时候都是在被动地接受信息。结合以上问题和分析，教师们对活动过程进行了调整：①幼儿观察常见的蔬菜，描述不同根的形态；②教师出示根的图片，请幼儿配对并命名；③模拟吸水实验，感受根的作用；④分享交流。

第三次教研活动：由同一名教师根据新的活动设计再次试教。试教结束后，教师们再次分享交流发现的问题，并再次对活动设计进行调整。

第四次教研活动：执教教师再次根据大家调整后的活动计划进行试教。试教结束后，教师们针对存在的问题，继续提出新的修改方案。

第五次教研活动：……

（3）以更新教育理念为主的教研活动的过程设计

随着学前教育高质量发展的逐步推进，新的课程理念或教育理念会不断涌进幼儿园。可以通过教研活动使新课程理念或教育理念更好地落地，实现在地化和园本化。这种教研活动通常会采取这样的方式进行：专题讲座→互动话题讨论→小结收获。

案例

在幼儿园的科学教育中，虽然老师们非常重视幼儿科学探究能力的培养，但是在具体实践中，经常会出现"探究流于表面""探究不能持续""探究系统性不强"等问题。为了解决这些问题，××幼儿园准备开展 STEAM 课程，期望通过 STAEM 课程里的问题解决来驱动幼儿进行系统、深入的探究。但是老师们对 STEAM 课程的内涵、理论基础和实施模式不是很了解，于是幼儿园在教研活动中邀请到××大学学前教育专业的××教授来做"STEAM 教学指南——用现实世界的问题吸引幼儿"的专题讲座，帮助老师们梳理对 STEAM 课程内涵、理论基础和实施流程的认知。专题讲座后，教研活动组织者还设计了老师与专家之间的互动对话，通过"一问一答"的形式帮助老师们深化对 STEAM 课程的认知和理解。

三、撰写计划

教研活动设计的最后一个环节就是形成计划，学前教育教研活动计划是教研策划者立足保教实践中的问题以及保教人员专业发展需求而编制的教研活动的行动方案，简而言之就是将现状分析、活动目标、活动内容、资源准备、方法选择、活动过程六个方面的内容完整地通过文字的形式呈现出来。

教研活动计划是实现教研活动有效性的前提，是教研活动的行动纲领和行动方案。为此，设计教研活动计划应凸显针对性、操作性、动态性等特点。针对性即制订教研活动计划时集思广益，让参研人员发挥其主观能动性，体现其教研活动的主人角色；操作性即教研活动目标、内容、进程、人员分工等有明确规定，便于保教人员实施和管理者督导；动态性即在活动计划实施过程中根据参研人员的研究状况随机调整和优化活动内容、过程和方式。

设计教研活动计划首先要弄清楚教研活动计划的类型，学前教育教研活动计划种类多，从不同的维度划分则有不同的种类。例如，从教研活动的组织划分，教研活动计划可分为全园教研活动计划、各教研组教研活动计划；从时间上划分，教研活动计划可分为学期教研活动计划、月教研活动计划、具体教研活动方案。不同类型教研活动计划的编制要求不同，下面将对教研活动计划的种类和结构进行具体阐述。

（一）学期教研活动计划

教研活动学期计划是针对学期要开展的教研活动内容和保教工作任务而制定的行动方案。在制订学期教研活动计划时，首先结合园所和区域实际进行现状分析，其次明确本学期教研活动要着力解决哪些问题，达成什么研究目标，最后选择相应的教研内容和研究措施进行整体规划。

1. 园本教研活动学期计划

现状分析：

上学期教研情况：上学期教研内容主要是一日生活环节规范、主题墙的创设、区角材料的投放。教研方式主要是开展分层教研，让新教师尽快熟悉本园一日活动要求，让老教师梳理自己的工作经验，并进行归纳梳理和分享，发挥老带新的作用。目前大部分教研活动是全园整体规划进行全面培训，但部分教师的教师观和儿童观仍然陈旧。培训与实践中的落实存在一定的差异，教师保育教育水平还有待提高，对各个领域活动的认识和理解还有待加强。

进一步实践研究：本学期教研活动将继续以转变教师的观念为主，转变为新时代教师观和儿童观；继续提升全园教师整体教学水平，以走班观摩、赛课、评课等形式让教师对活动的准备、教案的书写与组织、教师的有效提问等多方面有明确的认识，让教师知道怎么写、怎么上、怎么评。

教研目标：

1. 让教师树立新时代的教师观和儿童观。

2. 提高全园教师集中教育活动的设计与实施能力。

教研内容：

1. 如何转变教师观和儿童观。

2. 如何提升教师专业水平。

3. 走近儿童，从观察开始。

4. 各领域的核心经验。

5. 集中教育活动的设计与组织。

6. 机动。

园本教研活动以解决园所教师的专业发展和园所工作实践中面临的主要问题为目标。从以上案例中可以看出，制订园本教研活动学期计划应注意以下几点。

（1）现状的分析

教研背景可以从过去研讨的总体情况、师资情况、幼儿发展的状态、园所发展愿景等方面进行综合分析，拟订适合当前的学期计划。

（2）目标的制定

目标的制定是计划的灵魂。它应聚焦保教实践中的关键问题，针对教师的实际水平，既让教师能接受、能做到，又对教师有实质性帮助。

（3）内容的选择

教研活动既可以持续性地开展，也可以针对日常观察发现的需要及时解决的问题开展，所以我们在写教研内容的时候，留了"机动"这一板块，就是给突发事件留白。教研内容的设计要结合要点、教研方式、对象、时间、场地等要素来考虑。在教研过程中大部分是就共性问题做大教研，就个性问题做小教研，这样更具有针对性。

 案例

重庆市渝中区区级机关幼儿园 2021—2022 学年春季教研计划

一、指导思想

《3—6 岁儿童学习与发展指南》中明确指出，"要珍视游戏和生活的独特价值，创设丰富的教育环境，合理安排一日生活"，"尊重幼儿发展的个体差异"。《幼儿园保育教育质量评估指南》中提出，教师要"善于发现各种偶发的教育契机，能抓住活动中幼儿感兴趣或有意义的问题和情境，能识别幼儿以新的方式主动学习，及时给予有效支持"。教师所组织的一切活动都要体现"幼儿在前，教师在后"的关系。陶行知认为，"生活即教育""我们要以生活为中心的教学做指导，不要以文字为中心的教科书。"项目教学活动正是以上述两点为基点，通过捕捉幼儿兴趣制定活动主题；通过与幼儿共同讨论确定活动内容；通过阶段成果展示让幼儿体验成功感与满足感，真正成为活动的主人。活动形式以开放式为主，注重户外学习，使幼儿在开放的学习环境中获得更多的知识。

二、背景

幼儿园倡导从日常生活走向教育生活，老师们抓住幼儿在一日生活中的兴趣点和问题点，跟随幼儿，生成班本课程。但是，老师们开发的班本课程内容分散，缺乏系统性。老师们虽然在追随幼儿，但是没有和幼儿一起创造知识、架构课程。老师们经过上学期的尝试，还是有些不适应从传统幼儿园教学活动的高指导教学取向，向教育生活的低指导、合作与支持的教学取向的转变。

三、教研目标

1. 帮助老师厘清项目教学的本质、特点和各个阶段的做法。

2. 让老师转变角色，和幼儿共创知识，共建课程。

3. 通过项目教学活动来丰富幼儿园特色主题课程。

四、教研内容安排

序号	教研主题	教研目标	教研内容
1	项目教学知多少	1. 了解项目教学的概念及特征。 2. 大致了解项目教学的三个阶段。	1. 项目教学的概念。 2. 系统教学与项目教学的五点不同。 3. 项目教学的三个阶段。 4. 网式提纲的设计。 5. 看一个项目教学案例。
2	项目教学与园本特色主题课程的关系	1. 明确幼儿园三大特色主题课程。 2. 确定项目教学的主题点。	三大主题研讨 1. 点赞渝中人。 2. 渝中红。 3. 文创公园。 期末质检内容：老师自选一个主题，在大主题下生成一个项目教学内容。
3	项目教学互助答疑	1. 梳理关于项目教学的问题。 2. 梳理项目教学和生成教学的异同。	1. 项目教学互助答疑。 分年龄段讨论，互助解答问题。 小结各组的发言，进行汇总梳理。 项目教学的概念、本质、阶段、特征、教师角色转变。 2. 梳理项目教学第一阶段应做什么。

序号	教研主题	教研目标	教研内容
4	项目教学的本质与特征的研究	1. 明确项目教学的本质。 2. 梳理项目教学的三个阶段。 3. 明确项目教学的五个特征。	1. 回顾项目教学的概念。 2. 分析项目教学的本质。 3. 细化项目教学的三个阶段。 4. 梳理项目教学的五个特征。
5	项目教学第二阶段实践研究	1. 明确网络图调整的意义。 2. 梳理第二阶段的具体工作。	1. 项目教学问题解读。 2. 第一阶段、第二阶段网络图对比分析。 3. 第二阶段工作讨论。
6	项目教学第三阶段实践研究	1. 回顾第二阶段工作。 2. 梳理第三阶段的具体工作。	1. 第二阶段工作回顾分享。 2. 第三阶段工作讨论。

2. 区域教研活动学期计划

区域教研活动计划需要按照"整合资源、尊重差异、体现实效"的思路，采取"线上教研＋线下教研"方式，实现区域教研活动全覆盖。制订区域教研活动学期计划应注意以下问题。

（1）计划应适合不同对象

计划内容和教研活动形式应适合不同对象。从幼儿园到片区，从片区到联片组，从联片组到全区深入开展卷入式教研活动，由此实现区域教研活动全覆盖。

（2）计划要有留白

区域教研活动预设的主题虽然来自区域内的共性问题或需求，但在实施过程中，由于参研者的差异，部分参研者可能会游离于预设的主题之外，为此计划内容板块中可以有一栏留白，其内容可动态生成。

（3）计划应突出共性

区域教研活动有别于园本教研活动，参与教研活动的人员差异性较大，确立目标、选择内容和方式时应突出参研人员的共性问题和需求，研究的专题不宜过小也不宜过大，要便于实施。

（4）计划制订应凸显多主体

区域教研活动组由不同幼儿园的教研管理者和骨干教师、保育员组成，区域教研员要充分发挥作用，可采用轮值形式制订教研活动计划，强化每个参研者"我是教研活动的主角"的理念。

案例

2022年秋季重庆市渝北区学前教育教研活动设计与实施专题研究推进表

时间	组别及地点	内容	目标	形式	中心发言人	研究成果
2022年9月1日—9月30日	龙溪学区 QQ工作群	1. 片区园教研组查找并研读《幼儿园保育教育质量评估指南》（以下简称《评估指南》），以及相关的理论文献资料，并围绕专题认真学习。 2. 梳理本园半日活动实施现状及存在的问题。 3. 明确研究方向，拟订片区《评估指南》背景下半日活动与活动的实施现状与问题研究方案。 4. 拟订"幼儿园半日活动的实施现状与问题"的调查问卷。	1. 核心组人员在研究行动上达成一致，明确分工。 2. 确定本学期的研究方向和任务，为配合做好目标的统筹，为片区园所带着目的和重点开展片区专题研究活动。	文献查阅 理论学习 在线研讨 问卷调查	涂德兰 余佳	1. 片区"基于儿童学习活动互动"专题研究方案。 2. "幼儿园半日活动的实施现状"问题"的调查问卷。
2022年9月	回兴学区 QQ工作群	1. 对幼儿园一日活动中的8个基本环节开展问卷调查，根据问卷调查结果确定本期联片教研的主题。 2. 片区各园所查找并研读核心化发展区域化、趣味化，如"学前儿童健康领域"相关的理论文献资料，重视幼儿园早操活动或其他核心经验与的发展价值。 3. 明确研究方向，拟订片区"基于儿童发展视角下幼儿园早操活动"的专题研究方案。	1. 片区教研主要人员在研究意识上达成一致，明确分工。 2. 确定本期的研究方向，形成片区"儿童发展视角下幼儿园早操活动优化策略"专题研究方案。 3. 带着目的和重点，拟订本园所科学区创建计划。	文献查阅 理论学习 线上研讨	邹烬 杨淑会	片区"儿童发展视角下幼儿园早操活动优化策略"专题研究方案。

时间	组别及地点	内容	目标	形式	中心发言人	研究成果
2022年9月—10月	兴隆学区QQ工作群	1.讨论本学期专区专题研究方案：《评估指南》背景下生活活动、户外活动和区域活动优化。2.组建片区教研推进思路，确定参研园所联片教研推进思路及具体职责。3.分析各参研园所保教实践情况，明晰教研组织的现状，梳理不同园所之间存在的共性问题。	1.了解现阶段各活动组织存在的共性问题，明确本期研究的目的、重点及思路，建立可利用的资源库。2.以"发现问题—初步分析—查找资料—问题一致"的实施路径，确立本学区专题研究方案。	线上交流集体研讨	王华、蒋茂涵	1.专题研究方案初稿。2.研究推进表。3.各园所教研计划方案。4.活动简讯、照片。
2022年9月	石船学区QQ工作群	1.交流对专题研究的认识，确定研究目的及内容。2.制定教研方案、分配任务。	学区教研组主要人员研究意识与行动上达成一致，明确分工。	线上教研	靳芹	本期专题研究方案和推进表；第一次联片教研方案。
2022年10月13日	两路学区QQ交流群	1.介绍本学期两路学区专题研究方案与推进表具体内容，进行完善。2.反馈在《评估指南》背景下两路学区活动区活动现状及优化问卷调查结果。	1.通过专题研究方案与推进表的介绍及研讨，让本学区各幼儿园园长明确本学期专区专题研究思路，增强教师执行《评估指南》精神的意识和行为。2.通过调查报告的反馈，让本学区各幼儿园园长及教师了解本学区活动区环节存在的主要问题，进一步明晰本学期教研目标及进程。	交流研讨	谭倩（方案与推进表介绍）、邓立（调查报告分析）	1.本学期专题研究方案推进表。2.第一次联片教研计划。3."活动区环节实施现状"调查问卷或访谈提纲。4."活动区环节实施现状"调查报告。

时间	组别及地点	内容	目标	形式	中心发言人	研究成果
2022年10月1日—11月4日	龙溪学区 庆龄幼儿园 QQ工作群	1. 调研学区内"幼儿园半日活动的实施现状与问题"，形成调研分析报告。 2. 聚焦《评估指南》背景下半日活动优化"具体实施方案，开展片联区教研活动。 3. 参与幼儿园课程建设与高质量发展——童庆第二届教研片大会。 4. 积极参与"区域推进基于儿童本位的班级环境创设策略"课题研讨会。	1. 梳理现状与问题，实施现状下半日活动的实施现状与问题，为优化半日活动提供依据。 2. 借助在线研讨，确定园所本学期的教研方向，确定《评估指南》背景下半日活动优化"专题研究方案。 3. 落实规划课题研究。	现场讨论（暂定）案例分享	涂德兰 余佳	1. 各园所"基于儿童学习与活动的师幼互动"专题园本研究方案。 2. "幼儿园半日活动的实施现状与问题"调研分析报告。 3. 教研活动简讯。
2022年10月	回兴学区 QQ工作群	1. 调查本学区各园所早操活动组织实施现状、梳理共性问题与需求，交流讨论改进措施和优化策略。 2. 观摩对比自己园所两种早操活动的优势和不足，说出自己的看法及建议。 3. 结合查阅到的关于早操活动开展的理论知识，对早操活动开展过程中的问题进行分析，进一步梳理发展儿童视角下幼儿园早操活动优化指标及实施途径。	1. 梳理本学区各园所早操活动组织实施现状、梳理调整共性需求。 2. 通过在线案例分享，分清"早操""早操活动""户外游戏活动"，明确符合儿童身心发展规律的早操活动组织的环节和形式。	线上研讨 经验交流	邹熙 刘娟 王旭	梳理片区各园所现状及参研园形成调研分析报告。
2022年10—11月	兴隆学区 莲花第一幼儿园	1. 深度解析调查问卷，分享交流调研报告。 2. 重温《评估指南》，梳理科学保教观念。 3. 理论学习：集中培训，开展读书分享活动。	1. 明晰生活活动、区域活动、户外活动的共性问题。 2. 丰富相关理论知识，增强对《评估指南》的理论认识，查阅收集文献，为研究做好理论支撑。	线上交流 线下培训	李玲 童心欣	1. 专题研究方案。 2. 读书分享发言稿。 3. 活动简讯、照片。

时间	组别及地点	内容	目标	形式	中心发言人	研究成果
2022年10月	石船学区 龙骥幼儿园	1. 文件学习:《评估指南》《重庆市幼儿园一日保教活动基本要求(试行)》。2. 网上查阅:中国知网。3. 问卷调查:幼儿园户外运动环节开展现状。	1. 提高户外运动环节问题意识,增强对户外运动环节的反思和理性认识。2. 通过问卷调查,明晰石船学区户外运动环节开展现状及对《评估指南》掌握情况。	集中培训 问卷调查	陈家洪	调查问卷;调查报告;第二次片教研方案。
2022年11月10日	两路学区 同茂幼儿园	1. 共享《评估基本要求(试行)》,交流幼儿园本教研究相关综述。2. 基于本园实践活动相关研究成果的使用情况。	1. 熟悉《评估指南》和《重庆市幼儿园一日保教活动基本要求(试行)》内容,了解"幼儿园活动区环节"的相关理论,为研究打好理论基础。2. 梳理提升活动区环节质量的有益经验,学习活动区内各园所互动。3. 增强各园所的问题意识,明确活动区环节优化的方向。	文献分享 观摩研讨	李欣梅	1. "幼儿园活动区环节"文献综述。2.《评估指南》《重庆市幼儿园一日保教活动基本要求(试行)》PPT。
2022年11月5日—12月2日	龙溪学区 人和长安幼儿园 QQ工作群	1. 围绕《评估指南》背景下开展半日活动优化"方案,各园所开展活动、以案例或议案报告的方式分享交流。2. 聚焦学习活动的"幼儿园半日活动优化"具体实施方案,开展片区教研活动。	1. 了解片区各幼儿园"评估指南》背景下半日活动优化"开展情况。2. 各园所按阶段梳理"幼儿园半日活动优化"研讨活动开展情况。	现场讨论(暂定) 案例分享	涂德兰 王莉	1. 片区幼儿园开展"基于儿童互动"研讨活动的师幼互动视频、教研活动方案。2. 教研活动简讯。

续表

时间	组别及地点	内容	目标	形式	中心发言人	研究成果
2022年11月	回兴学区 悦来生态城幼儿园 黄桷坪幼儿园	1.各园所梳理出早操活动优化策略，并结合园所实际进行创新、丰富和完善。2.现场观摩一次早操活动案例，观看一次早操活动视频、交流讨论，提出优化策略，推广有效的经验和做法。	1.了解主题背景下"儿童发展视角下幼儿园早操活动优化策略"在园本教研实践落实情况。2.梳理出早操活动有效的经验和做法。	实践探索 现场观摩	邓欢 邹烬	1.片区幼儿园园本教研统"早操活动优化"开展园本教研的记录、现场照片或视频。2.教研活动简讯。
2022年11月	石船学区 天宝寨幼儿园	1.结合现状交流情况，总结提炼各级幼儿园存在的主要问题。2.分享《幼儿园户外运动环节开展现状》问卷调研结果。3.提炼户外运动环节优化策略。	1.初步了解各幼儿园户外运动开展情况。2.研讨幼儿园户外运动环节优化策略。	集中教研 交流分享	周晓红	第三次联片教研方案；预设策略；教研活动简讯。
2022年12月8日	两路学区 两江一幼幼儿园	1.观看幼儿园活动区活动视频（或到现场观摩），研讨教师组织与实施策略。2.交流分享《评估指南》背景下班级活动区环节优化的有益经验。	1.以案例分析的方式，进一步聚焦活动区活动组织与实施真问题，增强感性认识与分析能力。2.借助《评估指南》拓展活动区环节优化的有益经验。3.回扣实践场中问题解决情况，明确后续研究方向。	交流分享 观摩研讨	彭朝敏	1.活动案例及研讨实录。2.活动区环节组织与实施经验梳理文档。

时间	组别及地点	内容	目标	形式	中心发言人	研究成果
2022年12月3日—2023年1月6日	龙溪学区QQ工作群	1. 学区课题园积极参与"基于儿童本位的班级环境创设"结题筹备会。 2. 聚焦学习活动,梳理幼儿园半日活动与实施经验,参与本学区"幼儿园半日活动质量提升阶段推进会"。 3. 参与基于儿童的半日活动教研过程性资料,聚焦环境创设"现场研讨会,并积极反思。 4. 收集整理教研过程性资料,并焦点整理资料。	1. 了解片区各幼儿园"半日活动优化"开展情况和研究成果。 2. 反思分析"半日活动优化"的实施经验。 3. 总结"基于儿童本位"策略。 4. 整理环境创设策略,梳理环境创设过程性资料。	实践探索 在线总结 资料整理	涂德兰 余佳	1. "基于儿童学习活动的师幼互动"视频、照片或教研活动方案。 2. "基于儿童学习活动"的园所实践案例。 3. 教研活动简讯。 4. 教研过程性资料。
2022年12月	回兴学区QQ工作群	1. 专家讲座"儿童发展视角下幼儿园早操活动优化策略"。 2. 收集整理教师过程性资料,开展反思形式,研究内容等方面积极开展。	1. 通过专家引领,进一步丰富理论知识。 2. 能通过本教研,探索开展反思"儿童发展视角下幼儿园早操活动优化"策略与实践模式和效果。	专家讲座 资料整理	邹燃 刘娟 杨淑会	专家讲座;研究报告。
2022年12月—2023年1月	兴隆学区保税港幼儿园	1. 至园所班级进行实地观摩,分析教师行为(生活活动)背后的教育理念与价值取向。 2. 就《评估指南》背景下现场研讨,针对观摩情况进行现场研讨,提炼优化策略。	1. 分析生活活动组织背后教师的保教观。 2. 分析幼儿园教师在《评估指南》背景下生活活动的实施情况、现实问题或研究案例,促进研究有效开展。 3. 丰富各园所基于《评估指南》优化生活活动的策略,促进各参研园所互动交流,资源共享。	现场观摩 交流研讨	路晓莉 马利珠	1. 观摩记录表。 2. 策略梳理初稿。 3. 教研活动简讯、照片。

续表

时间	组别及地点	内容	目标	形式	中心发言人	研究成果
2022年12月	石船学区龙兴幼儿园	1. 总结户外运动环节优化策略及专题研究基本情况。2. 观摩优化后的户外运动环节开展现场。	1. 梳理归纳在《评估指南》背景下户外运动环节优化策略。2. 总结石船学区幼儿园户外运动优化策略的运用情况。3. 形成石船学区班级户外运动环节优化典型案例。	经验分享 成果梳理	杨月 刘钰菲 田青	第四次联片教研方案；案件；实践分享稿件；教研活动简讯
2023年1月5日	两路学区渝北幼儿园新城园	1. 总结交流各园所在《评估指南》背景下活动区环节优化情况。2. 提出研究下一步的研究展望。	1. 通过总结交流，对本学期教研开展情况有全面的了解。2. 促进各园所在上持续关注和思考基于园本的《评估指南》背景下活动区环节的优化。	总结交流	张利英	学区"在《评估指南》背景下活动区环节优化"专题研究总结。
2023年1月	兴隆学区立人小学附属幼儿园	1. 再次观摩与二度研讨相关案例，检验前期生活活动组织的运用情况。2. 各园所就生活活动的有益做法进行交流，对不足之处进行调整优化。	1. 各园所交流生活活动组织的相关案例。2. 思考再成效，对不足之处进行再次调整优化。	互助研讨	张馨	1. 案例PPT、文稿。2. 教研活动简讯、照片。
2023年1月	兴隆学区	1. 各园所就本期研究推进情况及教研活动开展情况进行评估总结。2. 开展各级各类案例分享及竞赛活动。3. 整理收集资料。	反思园本背景下全日活动组织的成效与不足，增强幼儿园教研组研究的实施成效，提升教师专业素养和幼儿园保教质量。	交流研讨	王华	1. 构建思路汇报材料。2. 本学期专题研究实施情况总结。

3. 学期教研活动计划的结构

一般来说，学期教研活动计划包括指导思想、现状分析、研究任务、研究内容、具体措施和活动日程安排。

指导思想：简要说明制订本学期教研活动计划的依据及重点研究的方向。

现状分析：说明上学期园所和区域教研活动的经验和问题；简明扼要地说明保教人员当前在保教工作中存在的主要问题；说明现阶段社会对学前教育的要求以及上级部门的要求。

研究任务：从存在的问题与上级的要求中提炼出本学期的任务，包括常规教研活动任务、当前热点难点研究任务以及上级布置的任务。任务要突出重点，不要面面俱到。

研究内容：根据研究任务制定具体的教研活动内容，内容适量。

具体措施：根据研究任务、研究内容、园所和区域实际提出具体、可行的策略。

活动日程安排：将各项任务、内容、措施安排到具体每个月，并明确每项任务和内容的具体责任人。

（二）教研活动月计划

教研活动月计划是将学期教研活动计划具体落实到每个月的行动方案，体现学期教研活动计划主线的脉络和推进过程。月计划的制订，能保障学期教研活动计划的落实。月计划要突出计划内容层次性、连续性、关联性的特点。

 案例

××幼儿园20××年3月教研计划

教研要点	幼儿游戏水平观察评估		
教研内容	任务	方式	时间
《××幼儿园幼儿游戏水平观察评估表》研讨	1. 帮助班级教师了解评估表结构、评估要点，以及评估表使用的基本要求。 2. 每位教师对照评估表进行自我反思，并提交"反思报告"。	工作坊	3月第一周周一
班级幼儿游戏水平观察评估（第一次）	1. 使用评估表进行班级观察后的个人经验分享。 2. 调整、完善评估表。	工作坊	3月第二周周三

教研要点	幼儿游戏水平观察评估		
教研内容	任务	方式	时间
幼儿游戏水平集体视导	1. 分享评估表指导集体视导者对幼儿游戏水平进行评估的实践意义。 2. 结合评估表分析班级幼儿整体游戏水平。	观摩	3月第三周周一
班级幼儿游戏水平观察评估（第二次）	1. 利用评估表观察评估本班整体及个别幼儿的游戏水平及发展状况。 2. 提出下阶段促进幼儿游戏水平提升的思路。	工作坊	3月最后一周周三

教研活动月计划的基本结构包括月教研活动内容、任务、教研活动方式、具体时间安排。月教研活动内容一般是学期教研计划中某一个要点内容分解到某月去组织实施的小主题的呈现，也可以说是将相互有关联且具有逻辑发展线索的多个小主题安排到一个月的多次教研中。月教研活动内容应该根据参研教师对该要点的已有认知、实际情况等进行合理安排，2～4次均可。月教研活动任务多以教研核心目标及成果的方式呈现；教研活动方式则根据教研主题、任务、参研者群体特征、参研人数等因素灵活选择；具体时间安排则应参考主持人、参研者工作时间确定，需要月教研计划制订者和实施者多方协调、沟通，有时也可以根据教研任务安排前后两次的时间，不一定固定地一周进行一次等。

制订月计划的时候，也可以根据实际工作的需要对计划进行动态调整。设置"留白"板块，面对突发情况，留有研讨余地，有利于保障日常教研活动计划的顺利进行。留白是为园级大型活动的开展、学期末工作的推进或者其他突发情况而进行的一种应急处置。留白既给研讨者和参与者留有余地，也让教研组织者可以根据周计划、月计划反馈的情况，及时进行补充和调整，保障原有学期计划、月计划的顺利推进和完成。

（三）教研活动方案

教研活动方案是针对计划实施过程中某一次具体内容而设计的行动方案，从某种意义上说，教研活动单次活动方案是教研活动月计划落实到每一周的具体教研活动方案，也是教研活动周计划的具体体现。教研活动学期计划、月计划、周计划之间的关系是：学期计划是某阶段教研活动的整体思考，月计划是整体计划内容第二层级的落实，周计划则是月计划落实的具体设计。

为了保证教研的实效性，需要精心研制教研方案，"像备课一样备教研"。精心设计有助于教研组织者明确教研目标，捋清思路，反思提炼，从而取得良好的教研效果。一份规范的教研活动方案一般包含背景分析、活动主题、活动目标、活动准备、活动过程和预案。

1. 背景分析

背景分析是教研计划的基础，是教研的缘起，包括问题产生的背景、参与教研人员的现有经验和水平分析、目标确定的依据等。

案例

"对户外运动有效性的思考"教研活动研究背景：

20××年××月，我园在接受上级课程调研中发现户外体育活动在质量和有效性方面存在一些问题。对此，我们进行了关注和分析，发现不少老师在组织户外体育活动时有放任自流、目的性不强、高控较多、流于形式等现象。表面看起来热热闹闹，却没有真正达到运动效果。针对这些问题，我们逐步组织开展了户外运动场地及时间的合理安排、运动材料的丰富及其保障、幼儿运动能力发展特点等问题的研讨活动，使老师们对户外体育活动有了新的认识，他们在实施过程中也有明显的改进。但要真正提高户外体育活动的质量，体现它的活动价值，还需要老师们在观念和行为上进一步跟进。所以，增强老师在运动活动中指导的有效性成为本次教研活动要共同探讨和思考的问题。

2. 活动主题

撰写教研主题前，一般会经历"问题收集—问题分析—问题筛选—确定主题"的过程，确定主题后需要用简洁明了的文字把教研主题清楚地呈现出来，让参研者一看就明白本次教研活动要解决什么问题。通常一个教研主题用3～5个关键词或词组描述即可，也可用副标题对主题进行补充说明。例如，基于儿童经验的传统文化课程建构——以民间游戏"跳房子"为例、户外自主游戏中支持幼儿有意义的学习等。

3. 活动目标

活动目标由研究主题应实现的目标和教研本体目标组成。目标的撰写是围绕主题展开的，包括理论认知、策略方法和情感品质三个方面。目标撰写的要点：一是具体明确，二是具有指向性，三是具有可操作性和可检测性。

案例

"对户外运动有效性的思考"教研活动目标：

1. 反思自己在组织户外体育活动时存在的问题，引发其他教师对户外体育活动目标及要素的认识与思考。

2. 探寻促进户外体育活动有效开展的策略。

3. 能对户外体育活动的有关问题进行思考，并积极与同伴对话。

从前述案例背景分析中了解到教师们已经对体育活动有新的认识，因此本次活动应在了解幼儿运动发展特点的基础上，基于对班级幼儿目前的运动水平的把握，解决教师如何对幼儿进行有效的指导的问题。所以，本案例应聚焦在目标 2 上。

4. 活动准备

教研活动的准备通常有物质准备和资源准备两类，因此撰写活动准备可以分类分层级进行。物质准备通常包括教研的场地、教研签到表、教研记录表、教研过程中使用的工具表单等。资源准备包括教师对研讨的问题的提前了解、教师对与研讨主题相应的理论资料或实践资料的收集和丰富，可以用文字和表格两种方式呈现。

"跳房子"教研活动准备：

1. 跳房子空格；

2. 儿童手绘《跳房子历险记》绘本每人一本；

3. 参与教师人手一本《数学核心经验》；

4. 执教者完成设计意图（指向儿童已有经验分析、核心经验发展、课程来源等）的撰写。

以上案例中的教研活动准备主要以文字形式呈现，适合物质准备和资源准备相对较少的教研活动。

"实验幼儿园主题教研——园本课程的班本化实施"
第一次活动的活动准备单

时间	2022 年 10 月 28 日下午	地点	四楼会议室
教研主题	评估幼儿兴趣，选择课程生发点		
知识及理论准备	阅读文章：《如何从儿童的兴趣出发设计和实施课程》。	启发：	

	你班选定的班本课程的主题
经验及材料准备	经过前期经验铺垫，你班幼儿对本主题的兴趣点有哪些？
	在这些兴趣点中哪些可以作为课程的生发点？

该案例中的教研活动准备主要以表格的形式呈现，这种呈现方式看起来更加清楚明了，更有层次性，适合准备内容相对较多的教研活动。

5.活动过程

教研活动过程有导入、研讨和总结分享三大环节。每个环节指向什么目标、借助什么手段、使用什么工具、解决什么问题、形成什么结论等应清楚明白，这样教研组织者才能做到胸有成竹。

教研活动的导入通常是对教研主题进行简单说明，对本次教研活动的任务进行明确，因此本环节的撰写需简明扼要；研讨环节是教研活动的核心实施环节，包含研讨任务、研讨形式、研讨人员分工和研讨时长等内容，因此撰写本环节时应分清主次，突出要点；总结分享环节是教研活动提升价值的重要环节，因此要确保本环节的价值和作用，需要提前做好预设和准备，撰写时可以设计表格用于现场记录交流的核心观点，还需要对总结词进行预设，要把具有引领导向的核心观点或策略提前梳理清楚，以对标参研者的讨论结果，并对讨论结果进行相应的梳理总结，确保研讨目标的达成。

 案例

"跳房子"的研讨环节——小组合作建构课程

1.任务与要求。

交代本次活动任务：进行中班年龄段的"跳房子"课程建构。

2.根据课程建构方向自由组合成小组，完成课程初步建构。

（建议数学学科课程由×××老师带队，综合课程由××老师带队，征询另两种课程的带头人。）

3.分享初步的课程建构成果（也可以做线上交流）。

简单小结各小组在建构过程中的表现，如建构思路、对领域核心经验的了解与理解程度、建构的速度、成员发挥的作用等。总结：课程建构中不仅看见了儿童，还看见了老师的思考和行动，使课程建构真正成为人人参与的有意义的事。

4.交流总结。

主持人进行梳理提升，形成可供教师参考的经验：我们基于儿童经验从游戏、学科、综合、方案四个方向进行了课程建构，每一个成果经过实践与调整都会成为我们幼儿园传统文化课程的一部分。当然，最理想也是最难的课程模式是方案课程，因为那是教育者真正根据儿童经验、搭建发展支架、追随儿童步伐过程中自然形成的课程，是充分体现儿童主体、教师支持的课程，是最鲜活、最真实、最儿童化的课程。我们做课程研究不仅仅注重结果，更多的是希望教师在其中经历思考—实践—思考—完善的过程，那才是对教师更加有积极发展意义的事情。

6. 预案

做好预案是形成方案的最后一步，也是教研活动组织成功与否比较关键的一步。教研组织者可召集教研核心团队（也可以是教研组织者独立进行）针对方案认真思考，做好预案。一是预备，教研组织者对将要研讨的内容做相关的知识、经验的储备、收集、学习，如教研组织者自己的知识储备、召开家长会了解需求、参研者的相关经验准备、家长开放日优秀案例分享准备等；二是预想，预想教研过程中可能出现的问题、冲突点，如何发挥教研团队中每个人的作用等，如主持人的关注点等；三是预设，预设重点提问、经验梳理、鹰架技术、活动效果等，如主持人针对案例预设的提问及追问等。

 案例

"游戏中的观察与分析"教研活动方案

教研目标：

1. 知道观察幼儿游戏的方法，能正确判断幼儿的游戏水平。

2. 能准确解读幼儿游戏中的语言、表情、动作等行为表现，正确判断幼儿的发展水平，并提出适宜的促进策略。

教研准备：

1. 两种类型的观察记录表。

2. 三种水平的游戏视频。

3. 单个的运动、游戏、争抢材料的视频。

4. 用于书写的白纸、笔。

教研流程：

一、主持人开场

1. 活动的由来。

这个教研主题来源于老师们在游戏活动中遇到的真实想解决的问题。

2. 出示教研目标。

这是今天教研活动要达成的两个目标，大家可以对照目标来看教研活动的过程，最后来看结果是否达成了目标。

二、观察的方法

1. 出示一张某一个时间段的观察记录表和一张追踪观察记录表。

2. 提问：这是两张观察记录表，老师们先看看，有什么发现？

追问：你从哪里看出来是几次的观察记录？

小结：一个是一个时间段的观察记录，一个是多次追踪的观察记录。

3. 提问：这两种观察的方法各有什么利弊？

小结梳理：用老师们说的话来小结利弊。

主持人一边说，一边在 PPT 上打出关键词。

4. 提问：要准确判断幼儿的发展水平，我们更需要哪种观察方式？为什么？

质疑，反问，问其他老师有没有补充。

小结梳理：要准确判断幼儿的发展水平不能靠单一表面的现象判断，而是需要持续性的实证观察。特别注意观察的时间：站稳 10 分钟。

三、游戏水平的分析判断

1. 出示三段游戏视频。

2. 提问：请你判断这三个视频中幼儿的游戏水平如何。你是依据什么来判断幼儿游戏水平的？

3. 分成三组进行讨论分析。

4. 小组交流。

这种水平是低水平，场面怎么样啊？动作怎么样啊？在这里的发展是怎样的？这个游戏复杂吗？哪些地方体现了复杂性？材料：材料有什么特质？管状、可以弯曲。物理现象：浮力、水的流动。

5. 梳理小结：三种水平——混乱失控的游戏，简单重复的游戏，有目的的、复杂的、能够让幼儿聚精会神的游戏。每一种水平都有对应的典型行为（可出示游戏水平对应的典型行为表格，见表 1-3）。

表 1-3　幼儿游戏的水平及典型行为

幼儿游戏的水平	幼儿的典型行为
混乱失控的游戏	1. 声音很大，音调很高。 2. 肢体接触较多，有时幼儿的行为处于冒险行为的边缘。 3. 有时有极端的欢闹——幼儿不可控制地大笑和咯咯傻笑。 4. 争议较多，经常导致身体伤害或情感伤害。

幼儿游戏的水平	幼儿的典型行为
简单重复的游戏	1. 很少存在安全和噪声问题。 2. 经常包含重复行为和单纯的模仿。 3. 幼儿的参与度不高，与同伴之间的交流特别少。 4. 游戏过于简单，缺乏想象。
有目的的、复杂的、能够让幼儿聚精会神的游戏	1. 无论是 15 分钟还是 1 个多小时，幼儿都能高度参与到游戏中。 2. 幼儿互相分配角色并且在游戏中扮演角色。 3. 即使存在异议也不会出现行为问题，幼儿会通过协商和妥协解决争议，协商的过程通常时间较短并且能达成一致。 4. 游戏的噪声水平合理，并且在他人善意提醒时较易安静下来。 5. 有特定需要时，会向教师寻求帮助，如需要某件物品去完善游戏，或者需要教师帮助解决争议以便游戏能够继续下去。 6. 幼儿会邀请教师观看他们的游戏、批准他们的做法和提供反馈意见，然后幼儿会继续自己的游戏。这种游戏很少需要教师持续介入。 7. 幼儿使用材料的方式富有创意。游戏时，幼儿不一定需要真实物体作为道具，因为他们可以将一小块积木当作手机或将拼插在一起的方块当作灭火用的水管。

6. 提问：面对这三种水平，我们如何支持和引导？

混乱失控——立刻停止，让幼儿进行安全的游戏。让他们停止游戏，坐在安静的区域，或者让他们进行别的活动。我们应该问问自己：我用何种方式进行干预才能使幼儿的游戏发生改变？我应该为幼儿提供什么方法、材料？或者我该如何参与才能使幼儿的游戏变得安全和受控？

简单重复——提供更高的挑战，提供不同的材料，进入游戏和幼儿一起玩，幼儿可以模仿教师的游戏行为。在游戏计划和反思的环节为幼儿提供新经验。这种水平的游戏往往会被教师忽略，这样幼儿就不能获得教师的支持，从而无法获得更加有益的游戏经验。

聚精会神——和幼儿交流互动，增加书写和绘画的材料以丰富幼儿的游戏经验。战胜一个刚好可以战胜的困难时，一个人的能力能够得到充分发挥，这个时候心流便产生了。对高水平的幼儿的指导，就是要想办法让幼儿产生最佳心流。

小结：出示每一种水平对应的支持策略。

四、实际操作：观察与分析

那我们现在看几段视频来练习一下观察与分析。

1. 出示一个运动的视频。（小班）

请老师们全面细致地描述，根据核心经验和幼儿发展特点来解读，并提出相应的促进策略。两个老师一组，商量着来描述、解读和提出促进策略。

（播放轻音乐）时间到。

(1)请一个老师来说说你们是怎么描述的，其他老师来补充。

小结：描述就是要全面细致。

(2)请一个老师来解读，反问大家解读是否准确，有什么需要补充的。

小结：解读要根据核心经验和幼儿发展特点。

(3)请一个老师来讲促进策略。其他老师评价策略是否有针对性，还可以怎么聚焦。

小结：促进策略要与描述和解读相对应，一以贯之。

2. 出示一个游戏中的学习视频。（中班）

我们来看第二段视频，应该从哪个领域来进行描述和解读？你看到了幼儿在游戏中哪些方面的学习与发展？

请所有老师独立写出描述、解读、促进策略。播放轻音乐。

时间到，请一个老师来完整分享。

3. 出示一个争抢材料的视频。我们可以从哪方面来描述、解读、提出促进策略？

4. 小结：描述要准确，观察要全面细致，解读要准确，必须依据核心经验和儿童发展特点，策略要适宜，必须对应观察、解读的点。观察是老师们一生的课题，观察幼儿是为了了解幼儿的已有水平，并提出策略促进幼儿向更高水平发展。在各种类型的活动中，老师们都要注意观察、善于分析、提出促进策略，这样才会促进幼儿的全面发展。

（案例由重庆市渝中区区级机关幼儿园提供）

第二章　学前教育教研活动的组织

教研活动计划是教研活动实施的前提和依据，能避免教研活动的盲目性和随意性。在教研活动计划制订后，教研活动的组织建设、制度建设，以及教研活动主持人的组织策略都发挥着非常重要的作用，直接影响教研活动的效果。

第一节　学前教育教研活动的组织建设

新学期到来，唐老师根据上学期教研活动开展情况和教研需求的问卷分析，拟订了全园的教研计划。计划中提出要建立分层分级的教研运行机制，成立园级教研活动审议组，首先是对年级教研组和项目组根据各组的实际需求和全园保教工作的要求制订的学期教研活动计划进行审议，然后对教研活动计划实施过程进行审议。学期末各教研组对计划完成情况作自我总结，园级教研活动审议组梳理共性的经验，形成园本教研成果。

从上述案例中可以看出，学前教育教研活动计划的落实，需要有相应的教研组织机构和人员以及制度作保障。学前教育教研活动组织是指根据教研工作任务的需要，按照一定形式与层级关系组成的集体。学前教育教研活动组织应全方位实现保教任务，将园所内、区域内的保教人员有目的、有针对性地进行分组，以解决保育教育中不同的实践问题，并保证保教人员的专业水平与保教质量的提升，具有整体性、多样性、动态性和高效性的特点。

教研活动组织具有研究功能、培养功能和管理功能。研究功能即带着本组织的成员研究保教工作中的问题；培养功能即教研活动组织是教师专业成长的沃土，保障每个成员在其中研究"保"与"教"，通过教研组织主持人或者组内骨干成员的指导和培养以及同伴互助，促进各成员专业能力的提升，进而形成自身的专业特色，实现"吸引一批人、带动一批人、激励一批人、提高一批人"的目标；管理功能即各类型教研活动组织的成员专业水平、个性特点、年龄层次不同，教研组以共同教研活动聚合每一位成员，扬长补短，实现团队合力。好的教研活动组织能让人员搭配合理，各尽其能，能高质量完成教研活动任务。

一、园所教研活动组织

应根据幼儿园保教人员的不同实际和不同要求，建立起不同的园所教研活动组织，一般可以从横向和纵向两个维度建立。

(一)横向教研活动组织

幼儿园横向建立的教研活动组织通常有年级教研活动组织、项目教研活动组织、课题教研活动组织(见图2-1)。

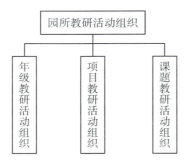

图 2-1　横向教研活动组织结构

1. 年级教研活动组织

幼儿园最常见的是以幼儿年龄段为单位建立的年级教研活动组织，如小、中、大班教研活动组织，是日常保教活动的落实者，主要设计的是本年龄段的常规教研活动内容，如集体备活动、年级研讨一日活动、保教人员行为细则，或本年龄段的大型活动等。年级教研组人员构成具有稳定性的特点，但个别班级数量太少的幼儿园，会跨年龄段成立教研活动组织。

2. 项目教研活动组织

在当前课程改革背景下，许多园所都在进行包括课程、游戏、保教质量评估创新等在内的各种项目研究，基于此可建立项目教研活动组织。项目教研活动组织具有灵活性、阶段性等特点，其任务指向项目本身所涉及的问题、对策、成果提炼、推广等，其人员多数是指定的。例如，某幼儿园应园所传统文化课程建设之需而建立的"民间游戏项目化班本课程"研究组织；应青年教师教育水平提升之需而建立的"××领域有效教育策略研究"项目组织；应幼儿自主探究学习研究之需而建立的"自主探究教育模式推广与运用"研究组织；应户外活动改革之需而建立的"户外体能大循环"研究组织等。

××幼儿园想要对体育活动进行改革。该话题提出后，经验丰富的王老师主动向园长申请率先承担任务。她邀请专职体育老师、其他年龄段教师、教科室主任等组建了运动项目教研活动研究组，共同商议项目的设计、场地的布置、人员职责等。随着项目教研活动的开展，组内的周老师、彭老师提出了新的教研活动内容，即运动中儿童的活动量、活动密度、运动路径的再优化。于是，项目教研组又分别建立了"活动量、活动密度和强度研究小组""运动场地及材料整理优化小组""运动质量评估小组"三个项目小组。各小组设计了项目教研活动计划，并围绕计划持续进行了两个多月的教研活动。项目教研组最后总结出运动活动设计与实施的有效策略，推广到全园。随着项目研究的结束，该项目教研组也解散了。

项目教研活动组织的最大特点是应需，案例中的项目教研组经历了"先有项目、后招标—结伴成组、遴选主题—设计计划—实施计划—完成任务"的过程。项目教研活动组织的组长可由园方任命，也可自愿申请，项目教研活动组织对项目研究具有决定权、自主权。

3. 课题教研活动组织

课题教研活动组织与项目教研活动组织有所不同。课题教研活动组织是以立项的课题为载体而成立的教研活动组织。课题教研活动组织是按照"选题—开题—实施—总结—结题—成果推广"的流程展开研究活动的，重点是本课题的实施、研究成果总结与分享。课题教研活动组织为保证课题研究的过程性、科学性、严谨性，需要具有鲜明的唯一性和序列性特点。课题教研活动组织成员以课题内主研人员为主，如有必要，可以接纳有兴趣的其他人员参与。

××幼儿园申报立项了区级课题"幼儿园积木游戏项目化的行动研究"。课题研究的主研人员共5人，其中包括一个年级组长、一个教科室主任。因为所有成员均是班级任课教师，所以研究组成员扩大至本班配班教师。随着研究的开展与深入，研究成果得到园级领导及其他班级教师的认可，研究组成员范围不断扩大，甚至扩展至本课题主持人所在工作室的其他园所教师，扩大了课题研究成果推广的覆盖面，研究效益更广泛化。

课题教研活动组织应区别于年级教研活动组织，课题教研活动组织的研究有规定的周期性和持续性，研究内容是保教工作的难点，而年级教研活动组织的教研活动内容则具有普遍性和临时性特点。

（二）纵向教研活动组织

纵向教研活动组织通常基于园所教师的层次建立，如新教师教研活动组织、经验型教师教研活动组织和骨干教师教研活动组织等。针对不同参研教师的需求，各教研活动组织的研究主题和研究内容会呈现出研究深度上的差异，同时还会呈现出一定的递进性。

 案例

××幼儿园为了做好内涵发展，一方面扎实提高教师队伍保教能力；另一方面优化园本课程，体现办园特色。在教研活动的开展过程中，结合两方面工作需求，该幼儿园又建立了"小组教研"和"特色教研"两种机制。其中"小组教研"又根据教师特点及问题解决层面进行了分层，教研组长和骨干教师组成的教研组主要集中解决园所保教实践中的共性问题，班级教师和组内骨干教师则主要负责解决班级个性问题（见图 2-2）。

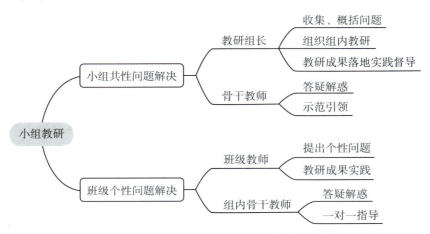

图 2-2　××幼儿园小组教研人员构成及任务

二、区域教研活动组织

区域教研活动组织是区域性教研活动组织，主要服务于区域内保教工作的规范、创新，以及区域内保教人员的专业素养提升，是区域保教人员群体专业发展的孵化器，是区域保教质量提升的重要载体。

（一）集团教研活动联组

集团化办园是指将一定区域内的多个幼儿园通过专业互助等形式整合成一个统一管理、共同建设、协同运作的学前教育发展共同体。集团化办园可以优化资源配置，提高管理效率，推动各成员园同步、优质、均衡、特色发展。集团化办园中会有一个牵头园（总园）和若干联盟园（成员园）。集团教研活动联组能通过多层次、多维度的组织，促进区域内园所的高效、协调发展。随着学前教育事业的发展，集团化办园已成为实现优质普惠学前教育目标的有效举措。

案例

××幼儿园是一所省级示范幼儿园，在上级部门指定下，该园组建了一个组织，包括1个总园、3个教学点、4个分园。这样的组织结构适合教研联组。因为是同一个集团，所以教研联组设置了一个总主持人（总园教科室主任）。总主持人在学期教研计划中，会将其他园所能参与的项目进行整体规划并在工作群里发布；会在联组教研活动前一周发布教研主题、任务、活动时间地点等基本信息，在进行教研活动时根据主题将所有人员按需分组，可能以园所为单位组建现场研讨小组，也可能会打乱单位进行混合编组。在教研活动结束后，总主持人会跟踪教研成果在各园所的实践运用情况并进行通报。

集团教研活动联组具有松散、自由与指定相结合的特点，受地域及园所各自任务不同的限制，活动密度会低于园所内的教研活动组织。一般情况下，集团教研活动联组的总主持人主要负责活动规划、联组内教研质量的把控、各园所教研活动主持人的培养等工作。各园所主持人则需要组织成员按时、保质参与联组教研活动以及对教研成果进行实践管理。此类型的联组教研，能快速解决某些园所教研指导力量不足带来的实效性低的问题，同时也能保证联盟内在教育思想、教育理念更新上的同步，带动更多幼儿园走向优质。

（二）专题教研活动联组

专题教研活动联组由区域教科研部门牵头，遴选区域内幼儿园骨干教师组成，针对某一专题开展研究，与园所教研组织内的项目教研活动组织类似，具有周期性特点（以项目研究内容为一个周期），区别在于参与者来源更广泛。专题教研活动联组一般会有一个总负责人或者联络人，负责将研究的内容、目标、人员、行动时间节点统筹起来，各参与单位也需要有一个对接者，保证教研联组任务到人、责任到位。

学前教育教研活动的设计与实施

 案例

××市××区为市级幼小科学衔接工作实验区，为进一步规范区域内幼小科学衔接工作的管理，探索幼小科学衔接实践有效策略，组建了"××区幼小科学衔接实践研究"教研活动联组。

该教研活动联组由区教师发展中心幼教教研员担任总主持人，成员包括幼小衔接试点园校教学负责人、教研组长、骨干教师，主要任务是协同区教委相关部门制订年度教研活动计划，针对幼小衔接工作中的重点难点问题组织现场教研。教研活动主持人均由总主持人根据每次活动的具体任务特邀，如示范园教科室主任、市级骨干教师、提供现场活动的园所教研组长等，活动形式以现场观摩、研讨为主，内容以教师理念更新、行为改进为导向。每次活动结束时，教研活动联组总主持人都会对活动进行评价，并提出具体的改进建议。

专题教研活动联组根据专题研究的目标、内容、计划而开展相关的联动教研活动，实施过程中要保证活动的连续性、序列性，每次活动均聚焦某个主题，以满足不同层级幼儿园以及不同层次教师学习、思考、发展的需要，既有指导意义，又具操作价值，还能促进区域幼儿园保教质量的提升。

（三）课题研究活动联组

课题研究活动联组与园所内课题教研活动组织高度相似，区别在于人员构成跨园所。如几个园所联合申报了区级课题"基于本地特色的民间游戏资源的挖掘与运用研究"后，第一时间成立了课题研究活动联组，就本课题研究的开题准备、研究实施、成果总结、成果推广等一系列问题进行规划和行动，努力做到目标一致、步调一致、理念一致。课题研究活动联组组织定期研讨和相互观摩，反思研究实施过程中的问题与经验，并及时解决和分享。

第二节　学前教育教研活动的制度建设

建立教研活动组织为教研活动计划的实施提供了人力保障，教研计划具体由谁制订，参研教师的职责是什么，管理者如何诊断、评价教研活动效果，这些都需要相应的制度来保障。制度是大家共同遵守的办事规程或行动准则，是对组织内人、事、物的约束。教研活动制度一般包括管理制度和职责。

一、管理制度

(一)教研活动制度

教研活动制度是围绕教研组织如何落实教研工作计划进行工作管理，保障教研组织活动的井然有序和有效开展，以实现保教人员的专业成长，提升保教质量。

××幼儿园教研活动制度

1. 教研组织要根据幼儿园保教工作部署，编制具有操作性和实效性的教研活动计划。

2. 按照计划开展教研活动，真实关注活动过程及结果，做到活动前有方案，活动中有记录，活动后有评价、有成果展示、有实践行动。

3. 根据教研活动真实情况，实时、灵活调整研究目标、内容、形式、手段等。

4. 教研活动视具体主题或任务而控制频次、每次活动时间，一般每周一次，每次控制在2小时内。

5. 教研活动形式丰富，做到两个"相结合"：理论提升与实践操作相结合，集体研修与小组研讨、个别学习相结合。

6. 教研活动应收集与整理相关资料，并筛选资料进行展示。

7. 教研活动一般由教研组长主持，也可根据任务选取有经验和指导能力的组员主持。

8. 教研活动应根据主题任务的完成而及时进行小结，或者以学期为单位进行总结，以梳理教研的经验、效果，确定可持续研究的方向。

(二)集体备活动制度

集体备活动是围绕一日活动的组织与实施开展的，一般在年级教研组内进行，它是实现资源共享的主要形式。集体备活动多由项目组长或年级组长组织，主要解决一日活动内容安排的科学性、合理性问题，以及具体教育教学活动与游戏活动的目标设定、重难点分析、活动准备、儿童活动方式分析、材料等问题，有时也会围绕一个小问题进行有深度的研究。总之，集体备活动是为了取长补短，切实提高保教人员一日活动组织的有效性。

 案例

××幼儿园集体备活动制度

1. 集体备活动应解决本年龄段的保教计划、课程设计与实施、活动目标、教学方法等保教基本问题，以做到组织内人人"心中有数"。

2. 集体备活动应以"我是教研主人"为导向，不以"让你怎么做"为最终目的，促使每个成员积极动脑、献计献策。

3. 集体备活动应同时进行"教"与"学"的研究，明确教师的"教"是为了幼儿的"学"的思想，突出幼儿的主体参与、自主学习以及有效互动。

4. 集体备活动在进行计划安排时，除坚持"动静结合、室内外结合"等原则外，还应保证活动类型的全覆盖、课程实施的平衡性和幼儿发展的均衡性。

5. 集体备活动根据中心议题，可选取不同的主备活动人做主题分享；其他人员据此提出修改意见，进行补充完善。

6. 集体备活动中应结合班级幼儿实际情况，对各个班级的目标、教法、学法等提出适宜的调整建议。

7. 集体备活动的记录应详细完整，并由各成员轮流记录。

（三）听议活动制度

教研组织的活动因为基于"教"与"学"，所以以听议活动为主。对幼儿园来说，活动的范畴可能更大，不但包括五大领域教育教学和游戏组织，还可能涵盖生活环节等。听议活动需要制度来保证质量。

 案例

××区域教研联组听议活动制度

1. 遵守听议活动纪律，不干扰执教教师的教育教学和幼儿的学习。

2. 认真、详细、规范记录，字迹清楚，要点清晰。

3. 参照评价标准进行分析，有理论支撑；评价活动应以激励为导向，坚持正面引导与鼓励。

4. 理性对待他人意见，及时、主动、大胆地通过口头或书面语言表达自己的看法。

5. 现场活动提供者应及时回应他人的建议。

6. 教研活动主持人提前将执教时间、地点、主题、思考问题等信息发布在教研组群里，并可以提前设计相关记录表格，以帮助听议活动者明晰观察、

思考、讨论的方向。

7. 根据岗位职责所规定的数量完成听议活动任务，并对听议活动记录按月进行质量考核。

（四）教研组长例会制度

教研组长例会制度主要针对园所内行政人员和教研组长提出要求，旨在引导和促进园所内不同类型教研组长在专业能力、教研组织意识和能力等方面不断提高，以保证教研组织研修的质量。

××幼儿园教研组长例会制度

关于园级管理者：

1. 幼儿园应在园务规划中编制以学期为单位的教研组长例会计划，并保证教研组长例会的常态化。

2. 根据需要、按照计划适时组织教研组长、项目小组长的研修活动，以提高其理论水平和教研组织能力；内容以帮助组织、设计、准备高质量的教研活动为主，主要途径是提出问题与解决问题。

3. 教研组长例会由业务副园长负责召集和组织，成员可扩展至园长和园外专家。

4. 在活动开展前，应将活动要求等基本信息传达给每一个参与者，尤其是任务信息要准确，以便参与人员做好准备。

5. 教研组长例会应充分发挥各成员优势，推动成员间的交流互动。

关于教研组长：

1. 各类型教研组织的组长应主动参与例会，并按要求做好准备。

2. 在活动中积极交流，与同伴互动，大胆表达自己的观点或对他人的观点提出疑问，为同伴提供有效且可操作的支持与帮助。

3. 针对每一次教研组长例会进行反思，并将参会的经验和收获运用到自己的实践中。

（五）信息共享制度

信息时代，学习途径也在不断拓展。信息渠道的畅通，能保证团体及时关注与教育教学研究相关的资讯，不断更新对学前教育前沿理论、要求的认识，从而保证教研组织始终保持科学的方向。信息获取、整理和输出的流畅有效，能对团队的专业化发展产生积极的影响。

 **案例**

××幼儿园信息共享制度

1. 服从幼儿园的安排，参加各类观摩、学习、培训、交流活动并做好记录分析。

2. 能运用现代技术手段收集、收录、整理、保存、传输信息。

3. 对每次学习的见闻、思考进行文字化处理，将自己的理解与感悟和他人共享。

4. 园所提供多样化的信息共享平台，如展示墙、分享会、工作群等。

5. 根据幼儿园教研工作计划，结合阶段性研究主题，组织不同层级教师分别进行展示和交流活动。

6. 外出学习教师(含国培学习)应在回园后一个月内进行交流。多人同行的，推选一位代表发言。根据专题或交流形式，范围可为全园、全组、不同领域组或不同层级的学习群体。

(六)园际研讨制度

园际研讨是在一定范围内针对计划或临时性的需求而组织的教研活动，旨在更加有效地利用本地教育资源，充分发挥区域内优质教研力量的作用，带动薄弱园所教研质量的提升。一般会选择共同的发展方向、相同的问题进行园际研讨。

 **案例**

××学区园际研讨制度

1. 园际教研基于各园共同的发展目标、教育理念而开展。

2. 各幼儿园需在对自身发展水平、保教保育状况以及研究资源清楚审视的基础上就研讨主题进行商议，并聚焦阶段性目标。

3. 不同园所组建的协作体既可研究共同特色，也可进行优势互补。

4. 根据地域、选题等因素，园际教研成员可灵活调整。

5. 各参与园所遵循自觉、自愿的原则决定是否参加园际研讨。

6. 各成员单位应注重运用现代技术手段积累活动资源与相关资料。

7. 关于园际研讨，可每学期初召开一次工作例会，讨论本学期联合教研工作计划，确定工作目标、教研内容、教研形式、教研承办学校等内容，并以学期为单位举办园际研讨的展示与总结会。

8. 园际研讨每次活动时间为 2 小时。

9. 教研联合会议准备充分，每次开展教研联合会议前与各参与园提前沟通，公布教研议题，有中心议题、学习资料及中心发言人。

(七) 资料管理制度

教研活动的效度需要必要的物质保障，如网络、电脑、展示台等。幼儿园应加强对物质材料的管理；同时，对作为教研活动轨迹和成果最好证明的资料也应该进行系统化的整理和管理。

 案例

××幼儿园教研活动资料管理制度

1. 定期把与教研活动相关的具有保存、查考、利用价值的各种载体形式的资料及记录收进档案室或建立电子档案。

2. 凡是幼儿园教研活动中形成的能反映本园教研工作活动情况、具有查考利用价值的文件、材料、图片等都属于归档范围。

3. 各教研组织负责人应在放假前将本学期的文件材料收集齐全，按照归档要求整理好，移交档案管理人员。

4. 教研组各成员应主动配合组长做好个人教研资料的整理工作，并积极主动地提交给组长。

5. 教研组收集、整理、存档的主要资料包括：学习材料、教研计划、教研记录、专题总结、教学案例、过程照片、活动简报、研讨过程材料、阶段成果等。

6. 归档的文件材料要字迹清楚工整，一律使用蓝黑墨水或者碳素墨水书写；档案、资料要分类单独存放，档案标题要简明确切，明确标示收进、查阅等详细信息。

7. 教研资料原则上仅供园内查阅，一般不外借、不外传。确需外借的，需经园长批准，并履行借阅手续。

二、职责

学前教育教研活动涉及幼儿园的不同人群，为了保障教研活动的有效进行，需要将不同人群的具体职责以制度的形式确定下来。根据目前幼儿园主要承担教研活动的人员的情况，我们将相关职责分为以下几个岗位进行具体介绍。

(一) 分管保教工作的副园长职责

分管保教工作的副园长是一个园所保育教育、教研工作的直接管理者，负有指导、引领本园保育教育、教研工作的职责。其自身的教育思想、教育理论和指导水准，直接影响该园教育者团队的思想、观念、行为的方向性和科学性，对园所的保教质量起着至关重要的作用。

××幼儿园业务副园长职责

1. 认真贯彻党的方针政策和法律法规，协助园长做好幼儿园相关工作。
2. 负责并指导全园保育教育、教研工作。
3. 负责全园教师工作的考评管理。
4. 组织、指导、督促教科研工作的开展。
5. 负责检查并督促日常保教工作。
6. 指导、检查环境创设工作。
7. 组织安排好家长开放日、送教下乡等各项活动。
8. 组织开展幼儿发展水平评估工作。
9. 负责督促教研组长制订和撰写保育教育计划和总结。
10. 负责全体教职工的继续教育工作，并带头完成继续教育任务。
11. 及时向园长报告分管职责内的重大事项。

(二)教研组长职责

教研组长是教研组织的核心人物，具体负责教研活动的有序、规范运作，是教研活动质量保证的关键角色。因此，教研组长必须具有一定的理论知识、丰富的实践经验、娴熟的教研活动实施和指导技巧等。每个园所都应通过制度赋予教研组长一定的管理和指导教师研究、行动的权利和义务。当然，教研组长的职责可以因教研组织类型的不同而有所调整。

××幼儿园教研组长职责

1. 协助园长、教科室主任完成教研活动的计划和总结，并具体落实相关计划。
2. 根据教研活动计划，定期组织教研活动，并做好教研活动资料的收集与整理工作。
3. 指导本教研组织成员的研究工作，并做好相关记录、总结与评价工作。

4. 做好本组织内青年教师的带教与培养工作，帮助各成员提高保育教育水平。

5. 合理有序地安排本教研组织内的各项工作，完成上级布置的相关任务。

6. 为教科室主任或业务副园长提供教研工作意见和建议。

7. 每期观评半日活动 30 次以上。

（三）教研活动组员职责

教研活动组员是幼儿园教研工作的重要成员，主要由教师、保育员、保健医生等组成，承担着保育教育研究和提高保教质量的任务。他们需要积极参与教研活动，提出保教工作改进意见和建议，并与同伴探讨保教问题，以促进保教实践水平的提高。

 案例

××幼儿园教研活动组员职责

1. 根据工作实践，积极反馈教研需求。

2. 积极主动参与教研活动，按时参加教研活动，并完成教研活动任务。

3. 及时梳理和内化教研活动成果，并将其应用到实际保教工作中。

4. 积极参与教研活动的效果评价，并针对问题提出改进意见。

第三节 学前教育教研活动的组织策略

教研活动中有时会出现研而无趣、研而未决、研而不清、研而不深的现象。出现这样的现象，主要与教研活动主持人推进教研活动过程和主持的能力有关。有效推进过程需要教研活动组织者在教研活动开展的整个过程中把握研究方向、研究重点和研讨节奏，引导各方人员积极参与，对研讨中的观点进行概括、总结和提升。本节将从教研活动组织者需要具备的关键能力和有效组织教研活动的策略两个方面进行阐述。

一、教研活动组织者需要具备的关键能力

教研活动组织者是园本教研的骨干力量，在园本教研实施过程中起着重要作用。教研活动组织者的关键能力是决定教研质量和活动有效性的核心因素。一般来说，教研活动组织者应具备的关键能力具体见图 2-3。

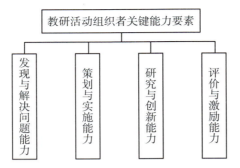

图 2-3　教研活动组织者的关键能力

（一）发现与解决问题能力

发现问题：能敏锐地发现园本教研、保教工作、教师专业发展中的问题。

发现需求：能敏锐发现教师在专业发展过程中和实践中的需求。

梳理问题：能将日常教育中的问题进行筛选、分析、聚焦，找出迫切需要解决的真实问题。

解决问题：能提出解决问题的合理措施或建议，以点带面地解决问题，并能带头实施和总结好的做法、经验。

（二）策划与实施能力

策划活动：能提出符合实际的研究主题，并能将问题转化为园本教研的话题；能策划形式丰富的园本教研活动。

组织调控：能有效调控活动的氛围，收放适度、应对自如、关注细节、善于概括和激励，能巧妙灵活地解决问题。能用提问、追问、梳理提升等方式组织、调控整个活动，使活动顺利开展。

沟通与表达：能采取多种方式将自己的想法具体地展现出来；能将成员不同的意见整合并达成共识。

（三）研究与创新能力

善于研究：能将实践经验与问题进行理论分析，并提出指导性建议；能学习借鉴他人经验，归纳、推介自己和别人的经验与做法。

勤于学习：能主动进行学习，并收集相关资料，不断丰富、完善自己的认知结构。

勇于创新：能提出解决问题的多种办法，不断反思总结教研活动策划与组织的问题与经验，不断创新教研活动的组织方式与做法。

（四）评价与激励能力

教育教学评价：能对日常保教活动进行恰当的评价，提出指导意见，并能及时进行对话沟通，促进整改。

学前教育教研活动的设计与实施

教师专业发展评价：能协助园长对教师个人专业发展进行引导、考核和评价，对师资队伍现状进行分析和评价，并提出建议。

幼儿发展评价：能对各班幼儿的成长档案进行整体分析和评价，从而指导教师有效地开展幼儿评价工作。

激励调动：能协助园长激发调动教研组教师研究与实践的主动性和积极性。

二、有效组织教研活动的策略

周教研活动开始了，主持人周老师将这次教研活动过程分为三步实施。第一步：老师们观察 6 名大班幼儿使用科学区新投放的低结构材料进行自主游戏的过程并详细记录。第二步：老师们根据观察记录分析幼儿的发展水平。第三步：老师们根据对幼儿发展水平的分析确定是否需要介入指导以及指导的方式和方向。

在连续 3 次观察同一名幼儿的游戏情况后，李老师在教研时说出自己的疑惑：我观察的这名幼儿已经连续 3 次利用这些低结构材料来玩角色游戏了，每次都是假设自己是妈妈，辅助材料（弹珠）是宝宝，主材料（轨道木条）被用来围成一个长方形，变成弹珠宝宝和妈妈的家。每次她都玩得很开心，我不知道这样的情况是否需要老师的介入指导。

李老师的问题引起了其他老师的共鸣，教研活动主持人判断老师们存在一个共性问题：怎样判断幼儿在活动区自主活动中的状态是否需要老师介入指导。主持人立即组织了一次研讨活动，通过提出一系列问题来搭建鹰架。问题一：幼儿园游戏的作用和价值是什么？问题二：这套材料隐含的教育价值有哪些？可以通过什么方式实现？问题三：这名幼儿在 3 次自主游戏中获得的发展主要有哪些？问题四：幼儿在游戏中除了快乐的情绪体验，还可以获得哪些发展？问题五：在该幼儿已有的游戏情况下，怎样做才能既让幼儿高兴、快乐，又让幼儿获得有益的学习经验？老师们通过对这一系列问题的思考，厘清了幼儿园游戏的价值问题，即幼儿园游戏不仅要满足幼儿游戏的兴趣和需要，更要让幼儿在游戏中获得有益的学习经验；进而解决了"怎样判断幼儿在活动区自主活动中的状态是否需要老师介入指导"的问题。

在案例中，主持人根据教师的困惑及时生成教研活动，引领教师将理论与实践相结合，如引导教师将游戏的作用和价值与观察幼儿在游戏中的发展相对应；通过层级式追问，将研讨引向深入。在反思与对话中，教师的问题得以解决。

教研活动主持人该如何实施教研活动以实现活动目标呢？

（一）有效搭建鹰架

鹰架理论又称支架式教学，指学生在学习一项新的概念或技巧时，通过提供足够的资源提高学生的学习能力的方法。鹰架理论也可用于教研活动。当教师们理解一个新观念有困难时，或者当教师们讨论解决某个具体问题有困难时，教研活动主持人可为教师们搭建鹰架，既可以是连接每位参与者的擅长的领域，也可以是主持人根据研讨重点，提供理论与实践，注重问题间的衔接点与递进性，起到抽丝剥茧的效果。在教研活动实施过程中，主持人要及时关注参研人员交流的观点，及时链接相关理论，以此将感性的经验提升为理性的认识，增强保教工作的科学性。

（二）有效控场

在教研活动中，主持人的有效控场能保证参研者围绕主题进行有效研讨，进而保证教研的效度。主持人的控场可以分为隐性控场和显性控场。

1. 隐性控场

隐性控场主要指教研活动前的控场：合理设计教研环节，合理安排每个环节的时间，提前发布教研主题和研讨的主要问题，确保教师们有目的地准备。在隐性控场时，主持人需要思路清晰，能根据研讨主题的内涵、关键概念、问题解决脉络，预设研讨进程，并思考"提问什么""什么时候问""怎么问"，把握教师研讨的方向，把问题的研究引向深入，并达成目标。

2. 显性控场

显性控场主要指向教研活动过程中的控场，主要有以下几种形式。

（1）引发对话

在教师围绕教研主题交流的过程中，主持人及时地提问、追问，可引导教师互动对话，清楚地表达自己的观点，确保参研教师的发言是围绕核心问题展开的。主持人要提前做好准备，唯有如此才能在教研活动中与其他教师进行更深一步的交流、探讨，让参研教师感受到由不同视角、思维、经验等带来的观点碰撞，从而通过不断对话、沟通、争论、协商，使研究层层深入，不断接近问题的本质。

主持人可通过直击研讨主题的重点提问及渐进式的追问，帮助教师围绕主题进行研讨。如在一次以班本课程开发为主题的教研活动中，在大中小班的老师分享了自己班级的课程案例后，主持人提问："大家觉得这些案例中有吸引你的地方吗？"老师们纷纷说出自己的看法。主持人追问："为什么这个地方很吸引你？"老师们自由交流。主持人小结三个案例"亮"在课程是在儿童与外界环境的互动中自主生发的。接着主持人抛出一系列问题："在幼儿活动的过程中，老师做了哪些支持？这些支持起到什么作用？老师除了可以这样做，还可以怎么做？有更好的支持策略吗？"主持人又小结三个案例"亮"在课程开展过程中不断关注儿童的学习情况，课程在儿童的思考和疑问中引发新的内容。主持人以提问、小结的显性控场方式达到本次教研活动的目标：老师们意识到幼儿园课程是动态生成的，它既生成于幼儿与外界环境的互动中、幼儿的自主思考中，也生成于师幼互动中。

（2）唤醒与激励

让教师兴奋起来，调动参研教师主动学习的兴趣，规避"权威"发言后的默言或一言堂状态。首先，打开参研教师的心灵，唤醒教师与教研活动内容相关的经验，可通过游戏或提问方式激起教师的参与热情。例如，"操作性材料在中班幼儿数量变化学习中的运用策略"教研活动的开始部分，设计了"按数抱团"的游戏，让参研教师在游戏中主动地抱团、点数、感受数量变化的过程。这个游戏与幼儿核心经验学习方式和教研活动内容相对接，能让教师轻松地投入研讨活动。其次，采用"因人而异，以人为本"策略。如在活动中简单直接性问题让经验不足的教师回答，开放性的问题则抛给擅长理念创新的教师，专业领域问题，则可让那些专业能力突出的教师来回答，鼓励人人有话说，人人都能说，从而激起每位参研教师的热情与信心，使其体验到参与教研活动的成就感，促进不同层次教师的成长。

（3）把握活动的节奏

教研活动不同环节的时长是不同的，即节奏不同。主持人要把握好节奏，有效地调控研讨过程，使研讨重点突出、和谐有序。教研活动常依托于问题的提出与解决而逐步深入，当一个问题的讨论日渐清晰，教师们各抒己见后，主持人可对此问题进行简单的小结，并及时自然地转入下一个问题的探讨，每次研讨结束的小结与衔接都是一个承上启下的重要节奏点。

（三）有效提炼梳理

提炼梳理参研者在教研过程中的不同观点是实现教研活动目标的必要步骤，也是教研活动主持人的必备技能。如何进行有效梳理和提炼呢？下面以某幼儿园的"民间游戏班本课程策略的提炼"为例进行说明。

民间游戏班本课程策略的提炼

教研任务：根据分享的三个民间游戏班本课程，尝试提炼出开展民间游戏项目课程的策略。

教研流程：三个班级分享课程—分小组完成研讨单—小组代表交流自己组提炼出的策略—教研活动主持人带着大家一起梳理提炼，综合各小组的策略，形成最终的结果。

提炼方式：

1. 抓住高频词进行梳理提炼

六组分享者提到的高频词有：幼儿兴趣、关注儿童等。根据高频词提炼出策略一：关注幼儿在民间游戏中的兴趣点，从兴趣点出发。

2. 捕捉共性观点进行梳理提炼

六组分享者的共性观点有：游戏的推进主要源于解决问题，教师应及时提供材料进行支持等。根据共性观点提炼出策略二：关注幼儿在游戏中遇到的问题，通过提供材料等多种支持形式助力幼儿解决问题，从而促进课程的推进。

3. 辨析核心因素进行提炼

课程的创生离不开两个最主要的因素：幼儿、教师。因此从幼儿视角出发，教师追随幼儿游戏的脚步，过程中的师幼互动也是创生课程的重要因素。辨析核心因素提炼出策略三：教师充分观察幼儿游戏，了解幼儿游戏进程，和幼儿共同回顾游戏进程、梳理经验，一起探讨并决定课程的下一步走向。

教研活动以问题提出为出发点，以问题解决为落脚点。在每次研究活动或某个主题系列研究活动结束后，总结提炼尤为必要。案例中的主持人引导教师对民间游戏班本活动策略进行了提炼梳理，对研讨过程中的信息资料进行全面的回顾、整理、归纳、分析，提炼出具有积极意义的成功经验和有效措施。这能够有效丰富参研者自身的专业知识和经验，促进教师专业素质结构的更新。

第三章 学前教育教研活动的实施

有了一份较为完备的教研活动计划，并不表示就会有效实现教研活动目标。在教研活动现场，常常会有这样或那样的问题，如怎样迅速调动参与者融入教研活动研讨氛围？如何准确把控现场各因素以达成教研目标？如果出现冷场应该怎么办？如何保证每个环节都自然流畅展开？这些问题是教研活动实施的要素。

本章将针对教研活动的具体实施形式进行阐述。

第一节 基于实践智慧的分享式教研活动实施

 案例

"亲爱的老师们，这学期我园的园本课程主题是'劳动最光荣'，大班组的子主题是'我们爱劳动'。（出示幼儿绘制的幼儿园地图）这是我们班的孩子历经三个多星期，自己完成的幼儿园地图。为什么孩子们会想到给幼儿园绘制这样一张地图呢？它来源于我们大一班的班级微课程——'瓜果飘香'旅行社。这是我们班的主题网络图，既有预设部分，也有留白部分，其中黑色的是预设的内容，绿色的是追随孩子们的兴趣点和经验，在主题推进过程中自主生成的内容。接下来，让我们跟随'瓜果飘香'旅行社的小导游们，开启幼儿园之旅……在这一班本微课程中，我看到了儿童的力量、生命的力量、生活的力量，自我的课程意识也逐渐觉醒。我对园本课程的理解力、执行力、研发力、评价力也在逐步提升。"幼儿园的笑笑老师手持一张由孩子们绘制的幼儿园大型地图，激动地开始分享大一班"劳动最光荣"主题背景下班级微课程的探索。

从上述案例中可以看出，激发参研教师的激情，让教师成为保教实践的研究者，是学前教育教研活动的价值取向。实践智慧是最具价值的经验，基于保育教育实践经验的教研分享更能让一线教师获得成就感。本节将对基于实践智慧的分享式教研活动的内涵、意义和实施方式进行阐述。

一、内涵和意义

（一）内涵

基于实践智慧的分享式教研活动是指在教研活动中，组织者营造开放、对话、思辨、共研的教研氛围，让参研教师基于理论学习，针对日常保育教育实践中遇到的有价值的问题，形成研究主题，再通过主题论坛、专题沙龙、现场观摩等形式，在专家引领、同伴合作下进行经验共享、智慧碰撞，从而共同探寻共长的实践策略；让参研教师在分享中拓展经验、形成思想、提升理念，继而运用到新的教育实践中……在这样螺旋式上升的分享式教研活动中，教师的专业成长需求被满足，成长为"专业的儿童研究者"。

（二）意义

基于实践智慧的分享式教研是促进教师专业发展的有效策略之一。教师专业成长也是一个动态变化的过程，需要依托实践，内化专业成长需求，主动适应保育教育变革形势，实现自主成长。它是一种平等、开放、对话、思辨的教研形式。这一实施形式，有利于教师根据实际情况有针对性地解决现实问题，也可以在开放、平等、对话的教研氛围中轻松解决主持人"话语霸权"的问题，体现"人人是教研主人"的理念。基于实践智慧的分享式教研有利于教师思辨能力的养成。例如，新入职教师经验不足，在开展家长工作时会出现各种各样的问题。通过与老教师交流家园合作经验，新教师内化教研活动中的经验用于实践，快速地提高了家园合作能力。

基于实践智慧的分享式教研活动的实施，有利于营造民主、和谐的教研氛围，在分享交流、观点碰撞与问题解决中，达成教师专业能力和幼儿园整体发展的双提升。

二、实施方式

基于实践智慧的分享式教研活动以教师在保教实践中遇到的共性问题为主题，以解决问题为目标，以参研教师参与体验、实践诊断和经验分享为基点。这种教研活动的实施方式主要有头脑风暴、现场观摩、专题沙龙、主题论坛。

（一）头脑风暴

头脑风暴是让所有参研者在真实情境中充分发挥自身主动性，积极参与研讨，具有很强的互动体验性。正如徐惠芳老师认为的，头脑风暴就是教师在真实情境中体验反思问题，在角色换位中用心去感受、去领悟，用智慧去解决问题、提升经验。[①] 它有别于以往的主持人一言堂的教研活动方式，每个参研者

---

① 徐惠芳：《在体验式园本教研中共思共研共享》，载《小学科学（教师版）》，2020(3)。

都是教研活动的主角，轻松的研讨氛围浸润着每位教师，人人有事做，人人有话说。头脑风暴有效地解决了教研活动中教师主动性欠缺的问题。其操作流程为：发现保教活动中的问题—问题转化为研究任务—呈现问题情境—人人参与研讨—交流共享观点—梳理提炼结论—形成共同认识。

树枝大变身

情景一：班级活动区的创设与实施是实现幼儿发展的有效途径，这已成为教师的共识，但实效性较弱，究其原因是教师提供的材料多以高结构材料为主，玩法单一，只能满足特定发展水平的幼儿的需求。幼儿一旦掌握，便对材料失去兴趣，因此活动区活动更像是教师操纵下的个别教学活动。怎样才能改变这样的状况，还给幼儿自主的游戏权利，使之更主动地获得发展呢？

情景二：班级教室里还有许多闲置的材料，沉睡在区域的角落里，其中包括树枝。这些材料没有与孩子的游戏互动，教师们也没有关注到。我们应该怎样支持幼儿，引发幼儿与材料的互动呢？

带着这些问题，我们决定利用区域里那些被教师和孩子们忽略的树枝开展一次"大家都来玩树枝"的主题教研活动。目标为：感知低结构、高开放材料的价值及作用，了解活动区材料的类别以及材料投放的注意事项。从实际情境入手，采用体验式教育活动方式，让教师亲身感知低结构材料的魅力，共同探讨低结构材料投放的方法及注意事项。

实施有效的教研活动需要在教研活动中弄清楚"研什么""为什么研""怎么研"。在"树枝大变身"互动体验式教研活动中，教师变为"幼儿"，亲自去体验树枝玩法，面对问题不断反思，通过团队成员头脑风暴总结出有效的策略。

（二）现场观摩

现场观摩是指围绕某一教育活动中的具体问题而进行的研究活动，它由展示、观摩、研讨等一系列研究行为组成。[①] 现场观摩的目的是帮助保教人员解决日常工作中面临的真实问题。因此，现场观摩可以促进教师之间取长补短、互相学习、互相启发。其操作流程一般包括：收集日常活动中的问题—针对问题研磨优秀案例—现场观摩活动案例—对话交流—总结提炼。

---

① 莫源秋等：《幼儿园教研活动设计与实施》，65 页，北京，中国轻工业出版社，2014。

案例

有效组织幼儿一日生活环节

某幼儿园一位新教师在组织生活环节时，为了培养幼儿的自主性，对幼儿的行为听之任之。喝水环节端着水杯自由走动，盥洗环节水洒满地面，进餐环节大声说话，饭菜扔在桌上等现象比比皆是。针对此种现象，教研组长组织了一次主题为"生活环节中幼儿良好行为培养"的教研活动。教研组长首先组织新教师观看了有经验教师组织的生活环节，与他们共同总结生活环节教育的经验，然后在教研活动中请新教师谈如何有效地组织生活环节、培养幼儿良好行为习惯。

现场观摩教研活动让参研者身临其境，通过观察现场活动思考问题，有利于参研者联系自己的实践行为，保证研究的实效性。

(三)专题沙龙

专题沙龙是指在教研活动中，组织者营造开放、轻松、愉悦、对话的氛围，参与沙龙的参研者围绕某一个具体的专题自由发言，充分讨论，或围绕某一问题自由讨论，解决疑难困惑，达成共识。参研者可以畅所欲言，表达观点，相互启发与思考。专题沙龙是一种有利于参研者主动参与、自由发挥的教研形式。共同的话题，轻松、愉悦的气氛，开放、自主的对话形式，使沙龙的教研活动样态深受参研者的青睐。

案例

"情景再现"式沙龙：与家长交流的艺术

主持人："各位老师好！今天我们的沙龙主题是'与家长交流的艺术'。我们在与家长交流、交往过程中，或许会遇到这样或那样的问题，今天我们就来演一演，研一研！老师如何面对挑剔的家长？遇到下面这些问题，你会如何解决？现在就请角色扮演的老师准备好，将你遇到的真实问题和你的伙伴表演出来。"

情景表演：入园环节

涛涛拉着妈妈的手来到幼儿园，涛涛妈妈说："徐老师，我家涛涛在幼儿园是不是很调皮不听话？"徐老师说："涛涛在园表现很好，还是老师的好帮手，小孩调皮代表他聪明，思维反应快，接受能力强。"涛涛妈妈有点严肃地说："我儿子回去说小朋友不喜欢跟他玩，说他调皮不听话，老师是不是也不喜欢

像这样好动的小孩？"

自由对话：

主持人："遇到家长这样质问你，你该怎么办呢？"

贺老师："老师像妈妈一样，对待每个孩子都是一样关心、喜欢，好动是孩子的天性。"

陈老师："是呀，涛涛就是非常调皮好动，又喜欢欺负其他小朋友。"

李老师："最好不要这样说，这样家长便认为老师不喜欢他的孩子，也会认为孩子调皮不听话，这样会激化矛盾。"

俞老师（有经验教师）："家长来接孩子时总想听到老师对自己孩子的评价，老师应客观地告知家长孩子的在园情况，可以先向家长介绍孩子的优点，再说说孩子的不足之处或需要改正的地方，这样便于家长接受。"

提炼策略：

1. 应以亲切平和的语气、委婉的态度，耐心、客观地向家长说明幼儿的在园情况。

2. 与家长沟通时，要做到真诚、热情，客观反映幼儿的在园情况，尽量先说幼儿的优点，再说不足之处，同时向家长了解幼儿在家中的表现，倾听家长的困惑和疑问，然后再与家长沟通哪一方面需要老师和家长携手合作、共同努力，给家长提供一些具体可操作的家庭教育方法，也可做一些家园双方的约定，让家长感受到老师对幼儿的爱是公平的、老师对幼儿的教育是有方法的，老师是有爱、有专业能力的。

本案例中的"情景再现"式沙龙教研，为参研者提供了生活化、形象化、生动化的情景剧，先通过角色扮演把问题情境表现出来，再进行研讨。这样的方式，一方面让那些怯于开展家长工作的年轻教师在情景再现中积累经验，另一方面梳理出的一些实实在在的沟通策略让教师受益。同时，每位参研者都亲身参与情景体验，在积累经验之余，也能放松身心，从而乐于教研。

专题沙龙的实施方式，可以是保育教育的"情景再现沙龙"和聚焦问题的"主题沙龙"，也可以是保育教育的"故事分享"及读书沙龙。专题沙龙，可以让参研者消除疲劳、轻松参与，有效沟通、扬长补短，大胆表达、情感共振，淡化评价、强化共思。开展专题沙龙，可从以下几个方面进行。

1. 布置场所，营造氛围

专题沙龙教研活动场所可由参与教研的教师自行选择，基于沙龙特点可提供咖啡、茶点等，播放轻柔舒缓的音乐，营造温馨、宽松、舒适的交流氛围。

2. 发起话题，多元实施

在专题沙龙中，话题发起有多种形式，可由管理者发起，管理者在日常工作中要关注保教人员有相同研究兴趣的或能形成研究互补的话题，根据参研者的需求发起话题沙龙；也可由教师自主发起，教研管理者在日常保教工作中要注重有自主思考能力和协调能力的保教人员，鼓励他们自发形成研究团队并为他们提供创设沙龙的机会。话题发起还可以任务为驱动，由教师自主决定沙龙的主题，并轮流承担沙龙发起的任务以及轮流做主持人。

3. 价值引领，平等对话

专题沙龙具有开放性的特点。在教师谈论保育教育中的各种问题时，教研管理者应对教师提出的问题进行分析，发现其中有价值的内容，形成沙龙的话题，引导教师进行深入思考，开展交流对话和思想交锋。在沙龙活动中，要给予每个参与者充分的发言机会，并借助各种形式，如思维导图、头脑风暴、小游戏等方式，活跃沙龙气氛，让每位成员都积极互动。

4. 引进资源，点拨提升

在专题沙龙中，有时会因参研者的思维处于同一层，而导致保教人员关注的困惑或遇到的难题和瓶颈，无法实现突破提升。此时，教研管理者可提供相应的信息、专家资源予以协助和支持，有时也可请专家、家长一起参与沙龙，让保教人员研究的视野更开阔，让活动更富实效。

（四）主题论坛

主题论坛是指在教研活动中，参研者围绕一个特定的主题或观点，交流各自的认识和不同的做法，自主用案例、观点等来诠释，进行思维碰撞、对话交流，从而实现教研活动目标的一种实施形式。它强调参研者的观点自由与分享。其开展的程序具体如下。

1. 选取热点，确定主题

在教研活动前，组织者通过下发主题论坛调查表，收集保教人员关注的热点话题、疑难问题，经过论坛主持人梳理出共性话题，确定为论坛主题。

2. 梳理碎片，交流分享

参研者在收到论坛主题后，有目的地关注、积累相关理论资料和实践经验，并开展相关的实践研究，将碎片化的经验系统化提炼为自己的观点，在论坛开始前采取多种形式进行观点分享，由论坛主持人筛选、确定论坛发言者。

3. 专题学习，理实结合

在主题论坛交流中，发言者需要观点明确、条理清晰、有理有据、表达精准，这样的专业底气与专业理论的学习分不开。参与者需要研读相关专题的专业书籍，结合实践研究，实现理论与实践的结合，并形成自己独到的观点、思想。

4. 专家点拨，共生共长

主题论坛可邀请相关专家参与，进行点拨和指导，为教研活动中教师的实践研究导航。在教研活动中，担任主题论坛发言人的教师，其观点和实践经验若得到专家的肯定与鼓励，可激发研究的积极性，增强专业自信；若得到专家的点拨和指导，可调整教育实践行为，并让全体参与教师少走弯路，让分享更有意义。

三、应注意的问题

基于实践智慧的分享式教研，为教师创设了一个接纳各种想法的平台，在教师的交流分享、讨论碰撞中促成了改变的发生。当然，教研的最终目的是问题的解决与教师能力的提升。

（一）聚焦实践的问题解决是教研工作的常态

教研是教师工作的一部分，基于实践智慧的分享式教研场所，是教师自在自觉的地方。教师在日常工作中经常会遇到一些问题，如备课中的疑问、保教工作中的反思等，对于这些教育实践中的问题的研讨成为教研活动的常态。聚焦教师日常教育教学问题的解决，是教研活动的目标，也是教研活动结果的评价标准。因此，基于实践智慧的分享式教研活动结束后，应梳理相应的问题解决策略，并加以推广与示范辐射。在教研活动中，组织者与参与者有意识地围绕问题展开讨论，同时，将阅读、思考与同伴讨论结合起来，实现自我反思与同伴互助的双向融合，提升研修的品质。

（二）倾听接纳的教研态度是分享式教研的关键

基于实践智慧的分享式教研，要求教研活动的组织者与参与者全身心参与活动，自主研究、讨论，实现观点碰撞，在研讨的过程中有效规避由少数人控制问题讨论的行为（现象），最终达成共识，形成科学的决策建议。在这一过程中，参与人倾听接纳的教研心态是分享式教研的关键。每一位参与者能否认真倾听别人发言？能否敞开心胸，接纳其他成员的不同见解？能否主动参与各项讨论，说出自己的想法和意见。……组织者要让所有参与人员围绕共同的问题进行细致、深入的探讨。这是一个积极互动的平台，没有"一言堂"，没有"话语霸权"，人人都能充分表达自己的观点。

（三）反思能力的专业提升是教师发展的根本

基于实践智慧的分享式教研，最根本的目标是提升教师的专业能力。基于实践智慧的教育教学反思，是教师专业成长的有效途径之一。分享式教研，除了引导教师将反思的目光聚焦于教育方法，还要引导教师从教育途径、教育技能等方面入手进行探究，深入分析幼儿教育模式，及时反思、发现其中存在的问题。分享式教研，能引导教师在日常教育实践中结合实际情况，分别从教育目标、教育过程、教育效果等不同层面进行自我提问，科学进行问题的分析、思考、评估，在解决问题的过程当中实现教育反思。教师通过分享式教研，利用团队的智慧，进行反思，激发自身的潜能，从不同角度入手进行学习、讨论、研究，深化教育反思的内涵。

第二节　基于不同需求的分层式教研活动实施

 案例

基于幼儿健康成长的需要，××幼儿园认为家长了解课程很重要和必要，于是持续做面向家长的课程宣传。学期末针对课程宣传，幼儿园开展了一场分享交流教研活动，有的聚焦儿童发展，有的宣讲课程活动，有的呈现宣传方式……交流后，大家聚焦"让家长看见专业的课程"。周老师提出家长对课程的理解和配合程度的不同导致了课程实施实效性的不同，其他教师也认同周老师的观点。究其原因，老师们通过反思认识到自己在宣传过程中欠缺专业性。

刘老师（新教师）："让家长看见活动的专业，首先自己要能专业解析活动价值。"

王老师（骨干教师）："家长最期待看见的就是儿童的发展，教师需要引导家长看见儿童的真实学习。"

李老师（老教师）："家长看见教师的专业，需要成为'主角'来参与。"

以上的交流表明对于课程的宣传，不同教师确立的重点、方式、路径等不一样，想挑战的目标、效果、解决的问题也不一样。刘老师是新教师，在幼儿园课程宣传的整体行动中，其专业实践探索聚焦到对教育活动本身价值的学习理解上，宣传重点在引导家长看懂幼儿园活动的价值在哪里。王老师是骨干教师，将探索儿童有意义学习的研究意识带入课程宣传中，引领家长尊重儿童的学习方式，看懂儿童的学习，读懂教师是怎样支持引导儿童的学习的，并以此作为宣传突破点。李老师链接家园共育工作的已有认知经验，将家园同构课程作为挑战点，创新开展家长卷入式的课程价值宣传，引领家长看见了不起的儿童。于是教研组长根据不同教师的专业实际水平与需求建立了"看得见儿童的课程价值解析""发现儿童在课程中的有意义学习""家园同构课程，看见了不起的儿童"三个教研活动专题组，教师根据自己的需求自主选择，展开了一年的教研活动。刘老师、王老师、李老师处于不同专业发展阶段，专业差异决定着其专业学习的视角与着力点。

所谓分层，即指事物按照发展的不同顺序处在不同的阶段，每一个阶段就是一个层次。美国心理学家克里斯·阿吉里斯认为，人们从事任何职业，都要经过从职业适应到职业成熟的发展过程，只有达到职业成熟阶段，才能主动地、富有创造性地工作。[①] 把教师职业视为一种专业，教师的专业发展过程又是一个不断分化、分流、分类并构成教师层级体系的过程。教研活动则是满足不同专业成长阶段教师的需求，做到因"人"施研。本节主要阐述实施分层式教研活动的原因，以及分层式教研活动的特点和实施流程。

一、实施分层式教研活动的原因

在分组教研活动中，唐老师发现发言积极的仅有经验丰富的王老师、罗老师，年轻教师则选择了认真听，大多数时候都默默不语。唐老师反思教研活动过程，发现自己习惯性按年级组进行分层展开研讨，于是那些有经验的教师几乎承包了主持讨论、总结、交流等任务。意识到这一点后，唐老师在随后组织的"区域活动材料投放的有效性策略"教研活动中，按专业层级进行了分组，并分配了不同的研讨侧重点：年轻教师组研讨活动区材料的种类及数量策略，骨干教师组重在讨论支持性材料如何投放。这样分组后，年轻教师发言明显积极了。

教研活动的成员存在各方面的差异，如专业经验的差异、个性态度的差异等。如何使每一位教师都能从教研活动中获得专业提高呢？实施教研活动时要充分利用教师群体的差异性，削弱专家型教师的权威，把空间留给更多的教师，鼓励、引导他们充分表达自己的看法和见解，在教研活动中交流、互动，真正做到在教研活动中共成长。根据教研活动内容的不同，可将教师们按专业层级分成骨干教师研究组、青年教师研究组，每次活动中研讨目标、研讨任务、解决的问题各有侧重；也可"志同道合者"分一组，根据研讨内容的不同，选择自己感兴趣的话题进行专题研讨，由于有共同的兴趣和需求，参研者在教研活动中会主动参与、积极表达。

教研活动要尊重教师的需求与选择，关注不同经验层次教师的实际问题，以探寻个性化、多元性问题解决过程为核心，支持教师经历从"专业学习"到"专业成熟"的成长过程。分层式教研活动是教研走向精细化的必然路径，其指向个性化群体教研，即尊重教师的个性化专业成长需求、关注个性化的专业实践真问题。

---

① ［美］克里斯·阿吉里斯：《个性与组织》，郭旭力、鲜红霞译，55～62 页，北京，中国人民大学出版社，2007。

学前教育教研活动的设计与实施

（一）分层式教研活动是基于教师专业发展的不同需求

不同教师因个性、环境、教育背景、生活经历不同而存在专业知识和能力的差异，专业差异化客观存在。可结合教师从业年限、个人特长、专业水平、潜力倾向等方面的不同实际和需求，将其分成不同的组别，设定不同的教研活动目标、内容，实施多元化的教研方式，最大限度地满足每位教师的发展需求，促进每位教师在各自"最近发展区"得到最大限度的发展。

（二）分层式教研活动是基于教师共生长的需求

分层式教研活动有按照专业成熟阶段分组实施研讨活动的，还有年龄混层、能力混层，按照研究兴趣、个人专长相似而集合实施研讨活动的。这样的教研活动实施满足了教师共生长的需求。分层式教研活动，需要以教研文化为引领，建立共同教研愿景，引领教师高度认同共研共长的理念，最终实现教师"共生长"的双向助推，高效提升保教质量。

二、分层式教研活动的特点

分层式教研活动把教研活动权利转向所有参研者，注重参研者的自主意识、教研的权利和效度，有以下特点。

（一）全面统筹

实施分层式教研活动关键要树立共同愿景，以及共同合作、共同创造、共生共长教研理念，对园所或区域内保教人员进行统筹规划。

案例

××幼儿园为了构建高质量的园本课程，依托园本教研活动实现这一目标，主要采用分层式教研活动的方式实施，首先着力于顶层设计，确立三个原则。第一，唤醒每一位教师的课程建构主角意识，使之成为问题的主动发现者、研究者、实践者，在课程创建中获得主角体验，明确"我是谁"。第二，实现课程与教师的双生长，教师在课程建构实践中形成"我愿意"的主动生长愿望，实现专业自觉化，推动课程建构在教师主动发展下走向高质量。第三，建设"我是主角"的教研团队文化，创建分层组团研修机制，激发团队中人人都有"我能行"的责任担当。随之分层建立规范实施课程的新教师教研活动组（青年教师专项教研组）、课程资源开发的成长型教师教研活动组（领域小组）和全面开发课程的骨干教师教研活动组（课题组和课题成果推广组），并将教研活动的自主权、话语权、决策权等赋予不同层次的教研组，支持他们在分层式教研活动中获得行动力、发展力和创新力。（见图3-1）

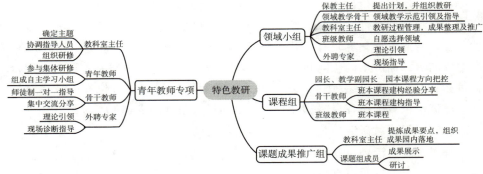

图 3-1　××幼儿园分层教研组织实施图

（二）赋予自主性

　　新学期之初，不同的教研组开展了一次确立本学期教研内容的教研活动。

　　剪影一：在幼儿园的户外草坪上，由肖老师领衔的"百鸟争鸣"教研组，正在展开头脑风暴，研讨本学期的教研活动内容。百鸟争鸣，即鼓励园级骨干教师成为独具一格的"小专家型"教师，这是一个由研究兴趣和需求相同的有经验教师自主组合在一起的研究小组。肖老师首先提出了自己感兴趣的"幼儿心理健康教育"话题，志同道合的教师们纷纷表示赞同。他们又一起商议具体主题，最后确定了本学期以"幼儿情绪管理能力培养有效策略"为主题的教研活动。

　　剪影二：在幼儿园的小木房里，有一群年轻教师，手中拿着纸和笔，还在冥思苦想。"这次的研究任务主题定位在区域活动上，可是大家都知道，区域活动是一个包含了很多概念的名词，比如区域活动材料的投放、区域活动师幼互动的有效性等，我们是不是应该找一个落脚点，深入探讨这一次的研究任务？"这是新树萌苗组组长和小组成员就如何开展学期研究任务展开的讨论掠影。

　　剪影三：在办公室里，源创社成员正在一道商量本学期户外课程的建构与实施。由于幼儿园改建，户外环境对课程的支持面临一场变革。源创社成员任老师说："户外环境变了，正好重新规划户外课程。""是否可以结合沙实幼爱雅课程理念，打造一个属于孩子们的快乐小镇，创新联动户外活动区域的课程？"源创社成员郭老师陈述着自己的美好想象。基于这一场讨论中涉及的快乐小镇的点子，爱雅梦想园课程应运而生。源创社，幼儿园的金点子智囊团，大到一类课程板块的建构，小到班级教室公约的制定，都能成为这一群有想法、敢创新的教师教研活动的内容。

这是某幼儿园部分分层教研小组教研活动的剪影，从中不难发现"自主"二字，小木屋、办公室随处都可以教研，随时都能生成教研活动主题。"百鸟争鸣"教研组满足了教研活动领衔人个性化发展需求，带领一群人做喜欢的教研活动项目，教研的自主让教师的研究变成享受。新树萌苗组聚焦主题的自主讨论已成为常态。源创社成员参与课程建构的主体意识显而易见，从申报参与到作用发挥的过程都保持着能量自主释放的良好状态。

分层式教研活动最大限度地促进了教师自主性的发挥，让教师们萌发自主学习、自主成长的个体需要，充分发挥教师的主观能动性，给予团队自我管理的成长空间，实现个性化、差异化成长的教研活动效果。

（三）追求高效

分层式教研活动的关键在于满足不同需求。需求作为人个性心理特征的一部分，反映了有机体对内部环境或外部生活条件的某种要求，它通常以意向、愿望、动机、兴趣等形式表现出来。正如美国社会心理学家马斯洛所言"人内部存在着一种向一定方向成长的趋势或需要"。分层式教研活动的效果要根据教师专业成长需求的解决程度来衡量，即教研活动能否促进教师自身的专业发展？教师是否不断获得专业体验与满足，是否不断获得专业创造和成长的机会？如果我们将教研活动内容看作教师发展的外部因素，教研活动需求看作教师发展的内部因素，那内外因素相结合才能创造高效。如在上述案例中"百鸟争鸣"教研组领衔人获得分层式教研活动领导权，对分层式教研活动过程有充分自主权，集合一群志同道合的教师开展学习研究，动力是对专业问题探究的热爱，势必成就分层式教研活动的高效。新树萌苗组成员聚焦实践的共性问题，一个阶段对应一个问题的实践研讨，同一个经验层次的教师围绕同一个问题的经验共享，促成了分层式教研活动的高效开展。源创社成员参与分层式教研活动的动力驱动，本身就是实现教研活动高效开展的前提。

三、分层式教研活动的实施流程

分层式教研活动的全面统筹首先是关注教研活动主角，重点是吸引每一位参研者主动加入教研活动中，帮助他们找到适合自己发展且具有一定挑战性的教研目标任务；其次是斟酌教研活动内容，针对有不同教研活动需求的参研群体，设计满足需求、符合能力层级的教研活动内容；再次是评价教研活动效果，厘清实现参研者高效自主管理成长的路径与方法；最后是统筹过程，建构分层式教研活动实施机制，包括人员职责、人员流动、资源共享、问题收集、过程研讨、结论运用等。

（一）树立"你一直是主角"的教研活动理念

"你一直是主角"从意识生长出能力，滋养成文化。"你"，指向每位保教人员，实现分层式教研活动组织者、参与者的全覆盖。"主角"，指向教研活动主体的自主意识和自觉行动。"你一直是主角"在分层式教研活动中可增强每位参研人员的主人翁意识，在这样的教研理念的指引下，教研活动质量自然得以保证。从以下案例中可看出，在教研活动中遵循"你一直是主角"的理念，每位教师都有不同程度的成长。

案例

教师 A："作为一名新教师，当第一次听到'你一直是主角'时，我有了放手大胆尝试的勇气。学习权的赋予，让我自然加入各类课程问题项目的实践研究中，也让我更深入地理解了'爱雅课程'，内化生长的意识很强烈。"

教师 B："参与权的赋予，是我在《生活小能人》课程资源编写中对'被信任'的感悟。架构、实践、调整、再实践，记不清有多少个主动学习的过程，看到书出版的那一刻，我感受到'我是主角'。"

教师 C："创新权，是在爱雅梦想园创建中的权利赋予。新教师也有机会独当一面，经历每一个区域创建的从无到有。每一个区域的创建都来源于孩子的需求、社会的发展、科技的创新。这一切有迷惘、有艰辛，但最终我们迎来了对自己不懈努力的肯定。原来，在'爱雅课程'构建中，我们真的能够担任主角。"

教师 D："SES 体验式学习活动评价指标让研修组组长见证了自主学习圈每位教师实践自主权的巨大能量。"

教师 E："雅韵课堂成就我的主角气场。十年雅韵的学习成长经历，让我从新手教师向小专家型教师一点点靠近，让我能在自己喜欢的专业领域拥有话语权。"

（二）组建适宜的分层式教研活动组织

幼儿园分层式教研活动通常按照教师的发展水平（适应期教师、成熟期教师、突破期骨干教师）组建分层式教研活动组织（参见表 3-1），这样的分层式教研活动激发了不同发展阶段教师的参与热情，凸显了"以教师为本"的教研理念。

表 3-1　××幼儿园教研活动组织构成

序号	研修团队	参与人员	研修重点
1	领域研修	全体教师按学科分为 A、B 组	针对共性问题进行研修，提升教育教学质量
2	雅韵课堂	年级长任组长，年级组全体教师为成员	提升集中教学活动的设计、组织、评价能力
3	花开之时	全体助理教师	储备教师队伍后备力量
4	新树萌苗	工作 1～5 年的新教师	新教师发展的共同需求
5	万木争荣	工作 5～10 年及 10 年以上的成熟型骨干教师	打造个性化的"小专家团队"
6	百鸟争鸣	有同一专业发展需求的教师	打造特色教师队伍
7	源创社团	有管理发展需求的教师	储备后备管理人才
8	墨研青春	教师成长课题组成员	孕育研究型教师，打造科研骨干

在分层式教研活动中，组长有责可施，组员有事可做，成员有力可合，组内有情可融。目前，很多针对幼儿教师自主研修的研究都指向研究内容，即假定教师们都对自主研修具有高度积极性和自觉性，只是受困于不知如何研修、研修什么，较为忽视激发幼儿教师参与自主研修的内在需求，即很少考虑幼儿教师是否有参与自主研修的需求。分层式教研活动是由有不同需求的团队针对不同问题开展的系列研究，需要所有参研者具备研究自觉性，做教研活动的主角。

（三）激发参研者的原创精神

原创精神即基于幼儿一日活动中的真实需要与发展需求，创新解决实践中的真问题，创新运用儿童立场、理念生成有意义的学习活动的意识与能力，它根植于分层式教研活动的动态过程。分层式教研活动鼓励教师将原创精神演变成一种习惯、一种能力、一种工作方式。原创精神指向分层式教研活动的本源，对教师的教研活动提出了挑战，但能助力高效教研。原创精神是教师教研活动的灵魂，有灵魂的教研活动过程能实现高质量的保教。

原创印刻着分层式教研活动的实践样态，园所可设立教研"金点子奖""创新能手奖"等激励原创精神的奖项。分层式教研活动可增设原创教研组，吸纳更多有原创精神的教师，让原创精神根植于分层式教研活动中的人、事、物，成为主流文化。

（四）分层式教研活动实施的基本方式

分层式教研活动可以根据教师专业水平分层，也可以根据保育教育问题专题分层，其实施的基本方式通常有以下几种。

1. 问题导向的分层式教研活动

问题导向的分层式教研活动，其关键和核心在于抛出的问题。将实践问题分解为层次不同、深度不同的小主题，参研教师按自己的需要和实情选择。如何确定分层问题？问题要结合自下而上和自上而下的调查确定。一方面要解决教师群体在实际工作中的困惑，另一方面要兼顾园所对教师的发展要求。

2. 目标导向的分层式教研活动

根据参研教师的不同需求，制定多元化的分层目标，促进各层级参研教师的专业发展。目标导向的分层式教研活动是从不同发展阶段的教师的实际出发，通过确定不同层次的目标，进行不同层次的研究引领，使不同层次的教师均得到发展。

进行目标导向的分层式教研活动时，从表面上看大家都在讨论同一主题，但不同层级的教师，实际上是在不同目标的引领下，走着各自不同的发展路径。虽然分层式教研活动目标是预设的，但教研主体是有思想、有灵魂的。在教研活动过程中，教师随时会生发出新的问题，教研活动目标也应该有所调整。

3. 发展需求导向的分层式教研活动

幼儿园教师的专业发展是一个自我否定、自我超越的过程。其发展的顺序为适应阶段、成熟阶段、突破阶段。在不同的阶段，教师的发展需求不同。发展需求导向的分层式教研活动根据教师的专业水平、工作年限、实践经验等方面确立不同研究目标和内容，选择适宜的方式满足不同需求。

第三节　基于区域差异的合作式教研活动实施

案例

一天，陈园长主动与区级教研员周老师联系，提到"只有少部分通过逐级'赛课'、论文评选、技能大赛等方式脱颖而出的骨干教师才能品尝区域教研活动带来的'甜头'，大部分教师只能成为旁观者，不能真正地参与进来，专业能力的提升也不理想"。陈园长希望"通过教研员的力量扩大区域教研组的范围，采取联片组合、结对帮扶等方式，让广大教师融入区域教研活动，不同层面地获得专业的发展，真正地实现区域内不同层次幼儿园保教质量的均衡发展"。后来，周老师采取问卷、访谈等方式调研发现，区域教研活动存在单向传输，问题诊断不细，园际互动、对话争鸣少，教研活动浅显、低效的情况。

为了促进教师的专业发展，提高幼儿园保育教育质量，推动区域学前教育均衡发展，周老师以提升幼儿园保教质量为切入点，通过构建幼儿园共同发展的愿景和目的，将同类幼儿园、优质园与一般园按农村与城市、公办与民办、片区与片区等不同的关系构建起多层次、多角度、全方位参与的教研共同体，实现基于差异的互助合作、联合研究的合作式教研。结果她发现教师们参加区域教研活动的激情有了，对话多了，他们在不断实践中解决问题，在碰撞中激发智慧，在合作中共享成果，在互助中提升能力。这样的合作式教研不仅促进了区域教师不同程度的专业发展，也提升了区域教研活动的质量，进而提升了区域幼儿园的保教质量。本节将从区域合作式教研团队的建立、实施策略以及注意事项等方面介绍区域合作式教研。

一、构建区域差异合作式教研活动团队的策略

案例

在一次区级主题教研活动中，周老师抛出了合作式教研的思路，年轻的王老师突然提出："周老师，什么是合作式教研？我们以前一起研讨问题是合作式教研吗？对于合作式教研，应该如何构建团队呢？"她提出的问题，引起了大家的思考。周老师解答道："合作式教研的重点是合作，大家围绕共同的教研主题，查阅资料、调查实践、研究反思等，最终通过共同研究解决保教活动中的实际问题。"

区域合作式教研活动不同于一般的园内教研活动，具有资源丰富、优势互补、开阔眼界等优势，是整体提高区域教研水平和教师专业水平、推进区域质量均衡化的有效教研方式。它打破了园所界限，可以是同类幼儿园就相同的问题进行合作研究，也可以是优质幼儿园与一般幼儿园进行帮扶研究，还可在不同的研究阶段，围绕共同的问题，开展园际合作研究，联合行动，相互交流，共同提高。其目的是利用各自的实践经验，解决共同的实践问题。

(一)共长愿景：构成区域合作式教研活动团队的核心

合作，即彼此为了共同目的结合在一起，形成教研战略联盟，交换、组合彼此的优势资源，使幼儿园间的优势相互渗透、补充，避免浪费教研资源与精力，使某一教研问题能够更经济、更全面地得到研究解决。① 区域合作式教研是指个体之间、群体之间构建研究共同体，基于共同愿景和目的，互助、联合研究的教研活动实施方式。② 共同成长的愿景是区域合作式教研团队的最终目的，也是组建有活力的区域合作式教研团队的核心。

(二)互补差异：突出区域合作式教研活动团队的特征

每一个区域幼儿园的类型一般大致相同，有公办、民办，有小型、大型，而幼儿园办园质量却可能会有所不同。为了促进区域教师专业能力的整体发展，差异互补是有效的途径，可以通过强强合作、强弱联结形成合作式区域教研组织，如城市农村联结教研组、辖区园所联合教研组、区域互动联片教研组、课题研究联组教研组和整体推进联动教研组。

(三)重组角色：明确区域合作式教研活动团队的成员关系

区域合作式教研活动不是区域教研员或专家的一言堂，它是参研者的共同行动和思想碰撞，可加深参研者对问题的理解和寻找更合适的解决方案。在合作式教研活动团队的建设中，需要进一步明确参研者伙伴式、共长式和共享式的关系，这决定着参研者在教研活动中的角色和行动方向。

1. 伙伴式的合作关系

 案例

陈老师说："合作式教研活动就是改变以往参与主体由上级管理机构分配，完成的也多是分派的硬性任务的教研活动方式。"

王老师说："合作式教研活动就是基于共同愿景和目标而实施的教研活动。"

李老师说："合作式教研活动可以让参与主体更有自主性和积极性。"

经过讨论，大家达成了一个共识：合作关系的产生源于个体和群体的自身需求以及最终能够达到互利双赢的目的，合作双方对合作的增值的追求是合作关系得以产生的根本动力。这种合作摆脱了自上而下的行政命令或要求，自下而上的共同需求成为缔结合作协议的基本出发点，这样的合作是伙伴式的，一起解决共同的问题，其生命力更强，效果更好。

---

① 汪劲秋：《教研的智慧——基于"园本教研"提升区域幼教教研品质的实践研究》，51页，杭州，浙江教育出版社，2009。

② 汤佩丽：《园际学习共同体合作模式的实践研究》，载《宁波大学学报（教育科学版）》，2013(3)。

2. 共长式的合作关系

案例

唐老师："合作式教研活动能起到什么样的作用？"

陈园长："合作能够使优质资源有效放大，参与者能够通过对比和合作，广泛利用资源，从他处学习并受益。要鼓励教师将研究目光聚焦自己及他人的实践，让实践的闪光点得以闪亮，从而实现共同发展。"

刘老师："合作能让一所幼儿园好的经验得到推广，让更多的幼儿园广泛运用和创新探索，让更多的幼儿园产生自主研究的需求与行动。"

区域合作式教研活动的参与者可以实现优势互补，从而推动区域内教研质量的整体提升，促进区域内保教质量的均衡发展，呈现参与者共长式的现象。

3. 共享式的合作关系

合作式教研就是教师个体聚合在一起形成集体，就是从个别化、独立式教研走向多元化、集体合作式的教研。合作式教研活动组织由地域相邻、性质相同或水平不同的园所构成，是有幼儿园教师与园长、区域教研员与专家多种力量加入的合作共同体。合作式教研活动的过程促使教师个人的研究经验不断转化为教师群体的实践经验，实现教师之间、园所之间的问题共研与经验共享。

（四）三位一体：凸显区域合作式教研活动团队的多主体

案例

陈园长："合作式教研活动团队由哪些人员组成呢？"

周老师："需要根据不同研究目的与内容，整合不同研究力量，可以将专家、教研员、联片组长与片区组长、园长或业务园长、一线教师等教研力量调动起来，形成纵横交错、合理分工、策划区域教研主题与教研形式的共同体团队。"

曾老师："在区域层面，根据参与者的不同特点，分配角色，专家作为活动的促进者和总结者，应发挥学术优势，引领一线教师开展针对幼儿园保教工作突出问题的研究；教研员、联片组长与片区组长、园长或业务园长作为策划者、组织者参与其中，协调各方关系，起到沟通作用，保障教研活动的正常开展并推动活动走向深入；一线教师教学经验丰富，积累了相关的案例和经验，作为研讨内容的提供者和实施者，是教研共同体的核心和主体，具有研究者和实践者的双重身份。"

组建"三位一体"的区域教研活动团队能推动区域内不同幼儿园教师专业能力的提升和保教质量的提高。

从研究职责上可分为:实践引领教研团队,由专家、教研人员、各园园长(业务园长)以及科研室主任组成,负责为课题研究的深入推进提供理论基础,明确研究方向,制定课题研究总体目标;实践研究教研团队,由课题主研人组成,负责深入各幼儿园,帮助教师们进行实践研讨,明确研究的具体内容;实践操作教研团队,由幼儿园各领域的青年教师组成,在各领域教研组长的指导组织下参与课题研究,进行实践并反思。

从区域范围上可分为:城市农村联结,以地理位置为中心,将相邻的城市幼儿园和农村幼儿园进行组合,在教研中,它们充分展示各自的地域特点和资源差异,以达到互学互研互进的目的;辖区园所联合,以1个镇街为中心,将镇街内的幼儿园组建起来,形成一个教研团队,有利于幼儿园基于相同社区环境和教育资源开展教学研究;区域互动联片,以2~3个镇街为中心,将几个社区的幼儿园结合起来,形成更大的学区,学区里包含公民办、一、二、三级幼儿园,这可以在一定程度上发挥优质幼儿园的辐射带动作用;课题研究联组,以课题项目为中心,在区域内筛选符合条件且能发挥示范引领作用的幼儿园组建课题组,定期研究,分解任务,进行实践探索,梳理成果等;整体推进联动,以全区为中心,依托行政和教研的联动力量,从整体上进一步推进问题的解决和成果展示(见图 3-2)。

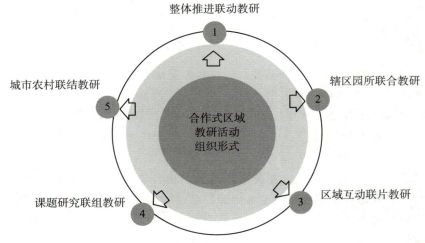

图 3-2　合作式区域教研组织

二、基于区域差异的合作式教研活动的实施

案例

　　区域合作团队建立了，如何推进教研活动呢？周老师确定了区域学期教研主题"幼儿园班级环境创设的共性问题"。环境研究教研团队首先从调查不同幼儿园基本情况、教师基本情况出发，教研组长刘老师与核心成员商议，围绕教师在环境创设中的"关注点"、"参与主体"、"整体规划"、"动态调整"和"追随儿童"五个方面编制问卷，展开调查。结果发现以下问题：一是教师在扩大环境创设主体层面做得较好，特别是城镇园和一级以上幼儿园，但是幼儿独立完成环境创设的机会仍然过少，乡村幼儿园几乎缺失；二是大部分教师有环境创设整体规划意识，但仍有少量教师是随意进行的，没有规划；三是示范幼儿园教师普遍具有定期更换环创材料的意识；四是教师在选择活动区材料时能考虑到年龄段特点，但是体现的程度还不够。围绕以上问题，刘老师带领教研团队再次讨论和分析，发现目前最为突出的共性问题是虽然教师对幼儿园环境创设的主体有更清晰的认识，知道组织和激励幼儿参与环境创设，但是幼儿参与还停留在形式上，且方法单一。于是他们确立了"如何以儿童为中心创设班级环境"的教研主题。

　　区域合作式教研活动的内容源于问题的确立，这个问题主要是指区域内不同幼儿园亟待解决的共性问题，不是某一所幼儿园的突出问题。收集区域内的共性问题，最有效和便捷的方式是编制有针对性的分层分类调查问卷。教研活动团队通过调查问卷，再结合组员反馈和实地走访，发现不同幼儿园教师存在的共性和差异性问题，最终确定有意义的主题，使之成为区域合作式教研的主题。

（一）深入调查，寻找共性问题

　　寻找教研问题，是区域合作式教研活动实施的前提。先通过调查问卷、问题研讨、自我剖析、访谈对话、现场诊断等方式发现问题，然后由教研组长列出问题清单，设计系列教研活动。

案例

　　某学区多数幼儿园的教师对户外游戏的开展非常感兴趣，但户外游戏开展的实效不高，于是学区教研组长通过问卷调查、实地调研等方式查找问题，最后形成空间运用、材料投放和教师指导三个方面的九个问题清单（见表3-2）。

表 3-2 户外游戏问题自查表

空间运用	材料投放	教师指导
场地功能单一，草坪、转角等空间闲置。	内容单一，缺乏层次性（以运动类为主，材料的递进性差，难以激发幼儿的深度学习）。	教师包办代替幼儿的探索。
游戏区域各自为政，其间缺乏联系。	以高结构材料为主，低结构材料少。	教师无所事事，不知道要干什么。
高空空间闲置，没有有效利用。	材料数量和品种太少。	教师疲于维持常规，难以指导幼儿的个别化学习。

（二）解析问题，确立任务

组织幼儿园进行自我剖析和问题查找是组织区域教研活动的重要一环，在提出的共性问题中诊断出有价值和可操作的问题，由此可以有的放矢地确立教研任务，思考出解决问题的方法。

案例

唐老师为了更好地推进区域内各幼儿园音乐游戏的开展，首先让各幼儿园明确什么是音乐游戏，如何组织实施音乐游戏。经过调查和访谈，她发现教师们在开展音乐游戏时有许多困惑，主要是幼儿园音乐游戏实施中游戏精神的缺失。基于以上的困惑，唐老师组织教研组长、片区组长、课题组长进行反思、剖析和梳理，拟订"×学区合作教研——音乐游戏专题教研活动实施推进表"（见表 3-3），最终把厘清对音乐游戏的认知、营造音乐游戏环境、研究基于幼儿主体地位的教师组织策略、研发音乐游戏课程资源作为区域教研活动有效推进音乐游戏的研究重点，逐项突破并不断解决实施过程中产生的实际问题。

表 3-3 ×学区合作教研——音乐游戏专题教研活动实施推进表

时间	工作内容	解决问题
2—3月	开展调查、研讨，收集音乐游戏实施中的问题，确立教研主题；区级下发幼儿园优秀音乐游戏评选通知。	梳理音乐游戏组织与实施的共性问题；组织学习、领会评选通知精神。

时间	工作内容	解决问题
4月	查找与音乐游戏相关的研究文献，拟定幼儿园音乐游戏组织与实施方案。	文献研究，分析现状，查找问题，确定目标，制定方案。
5—6月	音乐游戏组织与实施策略专题培训；各幼儿园利用园级工作群，提供专业书籍，开展互助学习等活动。	明晰音乐游戏概念、特点、类型以及音乐游戏开展的关键经验、核心要素、素材选取等，增强对音乐游戏的理性认知，确保音乐游戏活动有质量地开展。
9—10月	开展音乐游戏专题教研、课题研讨会，围绕音乐游戏组织与实施策略开展课题研究联片教研。	解决教师理念及专业指导的需求，梳理不同年龄段音乐游戏的年段特点和指导策略，探究音乐游戏与区域活动的融合策略，提供可操作的课程资源。
11月	举行幼儿园音乐游戏阶段推进会；示范幼儿园交流音乐游戏推进情况；实地观摩幼儿园音乐游戏活动。	实现专业引领支持，梳理出音乐游戏的组织策略和方法，有效提升师生玩音乐游戏的水平。
12月	各园、镇（街道）举行幼儿园音乐游戏评选活动；举行区级幼儿园优秀音乐游戏评选活动。举行幼儿园音乐游戏交流展示活动；从教师和管理层面分享音乐游戏组织的实践案例和推进策略；建立音乐游戏课程体系及资源包。	实地评审，下发区级幼儿园优秀音乐游戏评选通报。搭建交流分享的平台，总结、提炼关于幼儿园音乐游戏的实践智慧；收集适合不同年龄幼儿学习和发展特点的音乐游戏，丰富音乐游戏课程资源。

（三）连环跟进，深度教研

为了有效解决区域内大部分幼儿园存在的共性问题，区域教研组织可以根据教研主题设计一系列的教研活动，发现问题—分析问题—提出建议—迁移经验—解决问题，环环相扣，深度研讨，最终实现共性问题的有效解决。

 案例

区教研员周老师在走访调研中发现：区域内的园际教研活动存在一些问题，如侧重于单项传输任务，缺少园际的互动研究、对话争鸣，导致教研活动常常停留在对园内保教工作的反思和总结上。为此，周老师从每个幼儿园都感兴趣的"班级主题墙环境创设"入手开展了连环跟进区域合作式教研活动。

第一次：对话交流，发现问题

A园唐园长："主题墙环境创设事前无规划，造成大杂烩。"

B园张园长："一些班级环境呈现的内容与课程内容关联性不强，且推进线索不清晰，幼儿参与度不高。"

A园艾老师："墙面环境追求速度与结果，预设性太强，缺乏留白，较为注重装饰功能。"

H园杨教师："墙面所展示的幼儿作品悬挂得偏高，没有考虑幼儿的视线和高度。"

Y园张园长："主题墙环境依旧存在教师包揽、幼儿参与机会少的问题。谁是班级环境的主人？需要我们去思考。"

从各园参研者的交流中，周老师总结出共同问题：一是班级环境创设的依据和思路不清晰；二是班级环境中儿童化表征或幼儿参与环境创设不多；三是幼儿学习过程依托载体少，呈现方式单一；四是重视幼儿学习结果展示，忽视幼儿学习过程呈现。也就是主题墙创设存在儿童观缺失、内容呈现形式单一、儿童互动性弱、课程价值未凸显等问题。于是大家开展了第二次教研活动。

第二次：走入现场，聚焦问题

为了让教研活动实效性更好，周老师组织研究组走进A园。研究组人员首先分别观看小班、中班、大班主题墙，然后集中研讨，最后提出主题墙创设的实质问题是如何在主题环境中落实儿童观。于是大家就主题环境创设中儿童观有哪些表现，采用什么方式落实进行了深入研讨，主持人进行了有效方法的归纳。

第三次：迁移运用，改变行为

第二次教研后，参研者对如何基于儿童本位创设主题墙有了较为清晰的认识，返回园内将研讨的结论运用于实践。一个月后，周老师在B园组织了第三次教研活动，主题为"儿童本位的主题墙创设的有效策略"，通过现场观察班级主题墙，参研者发现在班级环境创设中教师探索出用不同的方式促进幼儿与环境互动，呈现成长轨迹。在这次活动中，参观者又发现了新问题，如"如何让幼儿的学习过程可视化？""适宜的记录方式有哪些？"，等等。这些问题又催生了下一阶段的教研活动。

教研团队可以抓住教师的这些问题，将其收入区域教研问题库进行归类，区域合作式教研活动通过连环跟进式的实施，不断发现问题、解决问题，提升了教师在实践中发现问题、聚焦问题、解决问题的研究意识和能力。

（四）差异互助，整体推进

区域教研活动的参研者为本区域内的大部分幼儿园，因涉及面较广，所以参研园之间存在极大的差异性，有些园所可能是示范园、一级园，也有些园所可能是二级园或三级园。在面对同一问题时，园所的解决办法会有一定的差异性，所以发挥示范园的作用，通过差异互助、互帮互带，能够更快速地推动其他园所的专业发展，实现整体推进。

 案例

为了真正让区域合作式教研活动有实效，周老师努力搭建基于区域差异的合作式教研活动团队，鼓励开展学区之间、园与园之间的教研互动活动，帮助同类型幼儿园或不同类型的幼儿园之间、教师之间进行多层面、多形式的合作，通过参研主体的相互启发、对话、分享、互助，有效地提高区域教研活动质量。周老师为了推进幼儿园班级环境创设与实施工作，以"聚焦班级环境创设与实施的关键问题与解决策略"为教研总主题，围绕班级物质环境又分为"追随儿童""动态调整""互动对话""因地制宜"四个子主题，由四个学区联片教研组分别承担一个子主题教研活动，最后进行了一次案例分享交流的教研活动。在活动中课题研究联片一组 Y 园李主任以"立足现状，稳步推进"为题，突出了三个特点：一是能针对现状，关注需求；二是以问题为主线，实现交流互动；三是示范引领，实现资源共享。课题研究联片二组 Q 园周老师以"基于环境，共享成长"为题分享了从严谨的调查研究入手，剖析现状、联片教研、实践研修、资源共享等方面的课题研究推进经验。课题研究联片三组 K 园张老师回顾了本学期课题研究的历程，从"基于儿童导主题"和"因地制宜促发展"两大方面进行了分享。课题研究联片四组 L 园雷园长分享了"举片区力量，聚焦'互动对话'，促区域教师专业发展"案例。她从深入落实"1＋3＋3"模式谈起，从园内自研、联片共研、专家领研、最终实现共赢四个方面对课题研究第四组的进程进行了分享。通过差异化的教研活动，周老师总结出班级物质环境创设四要素（见图 3-3）。

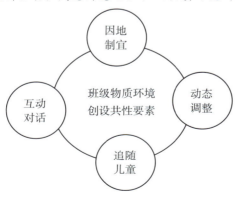

图 3-3　班级物质环境创设四要素

区域差异合作式教研活动既是一个聚智的过程，也是一个拓展思维的过程，更是一个集体智慧共享的过程。

（五）课题带动，实现区域推进

以课题带动的区域教研是以某一专题或项目为核心，联合片区、园所共同参与的教研活动。将课题与常规教研有机融合，形成常态教研，有助于加强区域教研活动中的纵横联系，形成区域内的教研共同体，通过最终的成果推广与运用实现区域共同提升。

 案例

区级教研员周老师为了提升区域内幼儿园的环境创设水平，申请了市级课题"区域推进幼儿园班级环境创设发展的适宜性策略"，在实施过程中，将课题研究与区域教研相结合，借助"1＋3＋3"模式（见图3-4），以主题系列化教研活动形式进行，"1"就是聚焦"1个"课题"区域推进幼儿园班级环境创设发展的适宜性策略"；"3"即"3种"学习方式：邀专家领研，协联片共研，聚园内自研；"3"即实现"3个"方面发展：课题研究的深入推进，园所班级环境的质量提升，教师个体的专业发展。通过整体推进联动研究，开展理念引领、反思实践、观点提升等系列区域教研活动，着力提升幼儿园班级环境质量。课题联组教研活动将大课题研究与参研园开展的小专题研究相结合，以大课题研究为重点，带动各小专题的研究，以小专题研究带动全体教师参与到科研工作中。每学期各幼儿园均围绕大课题研究申报多项小专题，通过大课题、小专题的研究实现课题研究的全员参与。借助课题研究，增加不同片组之间的互助和交流，从而拓展教研信息量，在不同片组之间架起合作的桥梁。课题研究联组教研以联片组长牵头负责，协同各个教研片区，强调教师之间的合作与共享，逐步使课题研究联组教研走向"大众化"。

图3-4 "1＋3＋3"课题教研模式

课题研究联组教研活动采用互动式、操作式、体验式的教研形式，帮助教师有针对性地解决共性问题，做到多方参与、同步推进。实现课题研究联组分工，共同完成目标，达到突出主题、合作学习的目的，构建区域合作共享的教研文化氛围，从而引领教师在实践、反思、修改和再实践的循环反复中，提升反思能力和研究能力，获得专业成长。同时，充分发挥课题研究团队合作的力量，实现优质资源共享，最终实现区域内幼儿园保教质量的螺旋上升。

（六）搭建平台，及时推广

随着区域差异合作式教研活动的不断深入探索和实施，推广区域教研团队的教研成果势在必行，这样既可以辐射带领区域内的幼儿园发展，还可以促进教研团队创新经验和成果。推广展示既为大家搭设舞台，也为更多幼儿园、教师提供学习榜样。可借助"做中研，研中用"的方式，铺设研究成果推广和转化通道，实现彼此共享教研成果。

1. 以现场活动为载体，搭建资源共享平台

 案例

在联片组方面，H园王园长聚焦主题"立足联片教研，聚焦环境适宜性"，从调研入手，梳理问题，让研究的内容与教师的实际需求更好地结合；通过基于问题的"1＋3＋3"联片教研，利用多元的教研形式，提升和拓展了联片教研活动的质量和深度。

在园级方面，B园李主任在区域推进班级活动区的环境创设与实施中充分发挥了示范、带动、引领作用。李主任围绕"基于现状，查找问题；立足基础，知行合一；反思提炼，继往开来"三个方面做了"方寸之间显功力 细微之处见真章"的经验分享；Q园邹主任从发现儿童是共建深度学习场域的根本、多变环境是共建深度学习场域的纽带、赋权增能是共建深度学习场域的保障、追随儿童发展的脚步砥砺前行四个方面做了"追随儿童：共建深度学习场域"的经验分享。

在教师个人方面，L园的贺老师分享了主题背景下班级活动区创设与实施案例《"布"异样的精彩》，Q园的邹老师分享了"深度学习：从对话儿童开始"等。

搭建现场交流平台促使幼儿园、个人梳理一段时间以来的教研成果并进行展示，让更多的幼儿园学习和了解。结合教师分享的案例，我们发现幼儿园基本能基于现状，展开自我剖析，基于问题，拟定教研工作重点，有针对性地采取系列推进措施。幼儿园也开始注重教师观察能力的提升，因为观察儿童、倾听儿童是课程的起点，也是课程推进的依据和灵感。在探索实践中，教师要能追随儿童，倾听儿童的声音，看见儿童的需求，梳理儿童的学习线索，创设

"有准备的支持性环境"，从而引发儿童的深度学习。

2. 以经验总结为抓手，搭建专业提升平台

 案例

唐老师在组织区域教研活动时，定期召开教研组长总结会，鼓励教研组长总结工作经验，她也有重点和针对性地梳理、总结实施合作式区域教研模式获得的宝贵经验并及时交流推广，让教研更有成效。例如，周老师说："在班级环境创设中我们找到了'儿童的视角'，关注环境对儿童的挑战，发现支持儿童学习活动的可能性。"王老师说："孩子的兴趣会随着时间不断变化，我们还需要深研班级环境创设的发展适宜性。"张老师说："班级环境创设是一门需要一直研究的学问，应思考如何进一步优化班级活动区环境，让环境从有目的地操作走向研究，让环境激发想法、挑战经验、迸发成长。"从教研组长们的反思和交流中，唐老师欣喜地看到他们身上"五个转向"的变化。

从区域整体层面、课题研究联组层面、园级管理层面、教师实际操作层面提取区域研究成果、研究案例、研究论文、照片影像资料等，以不同的形式推介到幼儿园，让每一位教师、家长都有机会了解，从而增强教科研动力，增强研究的信心，提升教科研影响力。

3. 以对外宣传为渠道，搭建行政教研沟通平台

为了让更多的人了解区域教研的成效，需要充分利用区域内外和园内外的工作群、微信公众号、论坛、网站、新闻媒体等宣传平台，以简讯、美篇等形式，多渠道及时推送区域教研进程与有效举措，借助新闻媒体、各大网站进行宣传报道。社会、行政人员只有看到教研的成绩，才会进一步肯定和支持教研工作，教研才会形成螺旋上升的良好发展态势。

三、基于区域差异的合作式教研活动实施应注意的问题

 案例

在很长的一段时间里，唐老师都在思索区域差异合作式教研活动实施的组织思路，这一思路以前期调研为基础，以形成专题研究方案为载体，以专题精准化教研为切入点，以阶段推进为实践，以行动研究为核心，以以赛促研为抓手，以回顾反思为重点，不断寻找亮点及问题，总结提升，并进行经验推广。在一次教研活动中，王园长突然问道："为了更好地实施区域差异合作式教研

活动，我们应该注意哪些问题呢？"唐老师总结得出结论：区域式合作教研需要注意发挥教研负责人的领头作用，利用好园本教研、联片教研的分层作用，共同构建学习共同体，并且围绕区域内的真实问题展开行动和研究等。

（一）教研负责人：提升综合能力

"儿童是有能力、有自信的学习者和沟通者"这一理念已经深入人心，相应地，教师也需要成为有能力、有自信的学习者才能真正守护儿童，陪伴支持儿童的成长。辖区联合教研、区域联片教研、园本教研的负责人，同时也是教研活动的推动者，更需要是有能力、有自信的学习者，在教研工作方面具有深厚的专业功底，熟悉本专业的相关理论，能明确教研职责，掌握教研方法，熟悉教研工作特点。由于教研工作的特殊性，教研负责人需要不断学习，在教研工作中提高能力，在研究问题时充实自己，在服务教师中体会价值感和幸福感。区域教研带头人应该在不断学习、实践、再学习、再实践的过程中提高自身能力，在一路行走一路思考中不断提升专业素养，实现专业发展的新突破。区域教研带头人需要有较强的策划和组织能力，不定期组织区域教师参与教研活动；活动时具有敏锐的洞察力，能及时发现问题，聚焦问题，解决问题；能采取"退一退"的方式，退出位置让参研教师"进一进"，在平等的对话中倾听、理解参研教师对理念的理解和认识；善于运用多方资源，多渠道、多形式助推参研教师的专业成长。

（二）教研主题：汇聚区域内真实的问题

区域教研活动关注的教育教学问题必须是教师面临的真实而普遍的问题，否则会带给教师不真实感和疏离感。教师如果觉得问题缺乏真实感，会缺乏参与的兴趣和积极性。什么问题才是幼儿园教育教学中真实而普遍的问题呢？幼儿园和教师需要解决的教育教学问题可能很多，而问题有解决的可能性，才有真实感。问题的关键在于"真"，根植于具体的教育教学情境的问题就是真问题，其内涵至少包含"'自上而下'的问题与'自下而上'的问题统一""需要解决'的问题与'可能解决'的问题兼顾"。区域式合作教研要在幼儿园的具体情景中发现问题、分析问题和解决问题，跟进园所与教师的实践步伐，以真实问题为切入点，实实在在、层层深入地进行梳理、探索、剖析，追求最优化的区域教研设计和最高效的教研效果。区域教研和园本教研就是在解决本区域和本园的真实问题中不断探索最贴切的研究内容和最有效的研究方式，从而促进教师的发展和园所质量的提升。

（三）教研人员：形成共同研究的学习体

在合作式区域教研活动中，不论是辖区园所联合教研、区域互动联片教研、课题研究联组教研，还是城市农村联结教研，都旨在就某一专门的教研内容进行分工合作式的研究，以期取得更好的教研效益。分工的意义在于产生1+1＞2的效益，突出分工合作的优势。在教师的合作学习共同体中，不同的教师在思维方式、知识结构、认知风格等方面存在差异，教师通过合作可以取长补短，共同进步。幼儿园应营造平等、民主、开放的环境，在互助合作中共同构建所需的教学知识、提高课程实施能力，在课程实施中成长，构建合作的教师文化。"环境造就人"，对于幼儿园来说，教师的个体发展并不是最终的理想与目标；对于区域教研来说，一个片区幼儿园的发展并不是最终的理想和目标，形成教师群体专业力量、追求群体的共同发展才是最终目标。

（四）教研过程：及时让教研成果看得见

区域专题教研组长王老师说："我觉得幼儿园经常是做了许多事情，但到期末的时候却拿不出东西来。"她的话引起了唐老师的关注。唐老师想："这几年，在推进区域差异合作式教研工作的过程中，好像也如王老师说的一样，做了许多事情，却拿不出什么东西。这是怎么回事呢？"唐老师反思日常的教研活动，发现每次教研活动结束时都没有及时对教研的经验进行收集和整理，以至于时间过长后遗失。之后，她每次进行区域教研活动时，都要对教研活动资料进行整理，不仅包括整理前期问题调查、现状分析以及活动方案，还包括整理现场教研活动资料，形成文本或媒体资源等教研成果。总的来说，区域教研活动过程可分为物化活动材料（经过教研活动创造出新的有效的教具、光盘、学具和环境）和物化文章（如论文、教研论著、活动案例与分析、幼儿园教研活动方案等）。因此，对于区域教研活动的过程性资料，要及时收集整理、总结提炼，形成文字，并调整研究行为、方式方法；对于有效的成果应及时予以推广，扩大实践范围，验证其科学性和实践价值。

（五）教研成果：最大化地产生效益和影响

区域差异合作式教研是将区域内的资源集聚、共享、融合的各项教研活动，可实现教师之间、园所之间的问题共研与资源共享，促使教师个人的研究经验不断转化为教师群体的实践经验，开辟相互借鉴学习的平台，在不同层面将区域教研经验、典型案例、教研成果及时梳理、提炼，并及时用不同的形式推广、扩散，产生示范与辐射效应。可以借助各种现场活动、各类竞赛活动、经验交流等方式扩大区域教研活动的辐射影响力；也可以借助专门的网站提取课题研究阶段性成果以不同的形式推介到幼儿园，让更多的人有机会了解，从而增强教研动力，增强参研者的信心，提升区域研究影响力。

第四节　基于现代信息技术的网络式教研活动实施

现代信息技术飞快发展，幼儿园的教育信息化也在发生深刻变革。一些信息化新技术以其具有的便捷高效、不受时空限制的特性，被运用于幼儿园保育教育工作，成为教研活动的重要方式。本节将对网络式教研活动的特点和实施策略进行阐述。

一、基于现代信息技术的网络式教研活动的特点

 案例

3月16日上午，相距1350千米的T市某幼儿园与S市某幼儿园以"幼儿园主题活动审议"为话题的跨省联动线上教研活动开始了。两所幼儿园共计57名教师在线上相聚，与两所幼儿园牵手的多地多所幼儿园近100名园长教师也在线上加入研讨。

第一个环节：两园园长通过线上的PPT屏幕共享方式，交流各园园本主题课程设计。

T市的梁园长介绍本园的全园联动主题课程"M幼，我们幸福的家"。接着沈老师以中班主题活动"幸福做主人"为例分别从课程先导"三聚焦"、小组审议"三研析"和班级学案"三优化"三方面介绍主题活动审议过程和结果。

接下来S市的杨园长介绍了本园"蜂巢浸润（SKEP）课程的构建与实施"。冯老师分享了小班以绘本《妈妈要去打怪兽》为载体的主题活动课程的构建实践，围绕主题说明、设计思路、预设的主题网络图展开，介绍了通过经验识别，链接《3—6岁儿童学习与发展指南》，从社会情感、科学认知、身心健康三方面确定幼儿的成长需求点的构建过程。

第二个环节：主题活动研讨与审议，老师们通过语言和文字方式纷纷发言提问，如：

Q1：M幼的园本课程如何长期实施，可持续发展？

Q2：M幼在制定组本与班本主题时，为何制定"1+N"与"2+N"，该如何解读？

Q3：S幼的主题活动中的聚焦和指向是什么？

Q4：S幼的主题活动一般开展几周？

……

教研活动结束时，将参研人员个人头像截屏合集在一起，本次教研活动所有参研人员影片资料便完成了。

在上述案例中，教师们在相隔千里的不同地点，用一部手机（一台电脑）、一个网络、在一个统一时间就能从容进行教研活动，分享不同的实践经验和研讨问题，同时未参会的人员能延迟观看学习，这就是所谓足不出户的网络式教研活动。网络式教研活动是以促进教师发展为目的，以幼儿园真实情境中的问题研究为着眼点，通过信息技术媒介将不在同一地方的参研人紧密联系在一起进行实时互动研讨的形式。

网络式教研活动作为一种全新的教研方式，具有信息量大、交互性强、方便快捷等优点，不但解决了传统教研活动受空间限制、教研经费不足的问题，还解决了规模小、人数少的幼儿园无法开展传统教研活动的问题。网络式教研活动具有以下特点。

（一）参与的广域性

由于网络覆盖无限宽广的特点，所有参研者可不受地域位置的限制相聚在虚拟空间里；参研人员不限于本园本地的教师，可以是网络能链接的所有地区的教师；还有可能邀请到各类专家在线上进行教研活动指导培训。这体现了参与地点与参研人员的广域性。

（二）技术的依赖性

网络式教研活动对网络信息技术有要求，教研活动组织者要保证教研活动使用的平台技术的稳定性、畅通性；参研教师要有使用网络平台教研的技术。这是网络教研活动技术依赖性的表现。

案例

S市与T市两所幼儿园共同进行教研活动。在教研活动开始前，两所幼儿园的参研教师先进行了技术调试。沈老师说："我不知道怎么分享屏幕，我的PPT出不来。"信息技术老师对组织教研活动的杨园长说："现在使用的APP方式不够稳定，人数增加了系统支撑不了，建议其他老师关掉自己的视频。"在教研活动中，两所幼儿园都为教师提供了技术支持。但参研的王老师说："我这边的信号不好，时不时地断网，杨园长播放的PPT我没有看到。"

（三）过程的再现性

案例

S 市与 T 市两所幼儿园的教研活动结束后，C 市某幼儿园林园长听说了此次教研活动，问杨园长能不能回看，杨园长把活动的二维码发给了林园长，林园长组织全园教师完整观看了教研活动。

网络平台一般能自动记录教研活动的过程，能支持教师的持续学习和再思考。教师可以通过回顾教研过程中发言者的语音或文字的记录，对自己感兴趣的问题进行再观看再学习。未参会人员也可以通过网络平台观看学习，理解教研内容。

（四）推广的及时性

案例

教研活动结束后，老师们积极反思。S 市的邱老师说："'M 幼，我们幸福的家'这个主题活动的预设，让我感觉到 M 幼的老师们非常有远见。在中班下学期主题活动的预设中就考虑到了和大班进行衔接，这样的推进过程不仅建立了孩子们'以园为家'的归属感，还激发了孩子们对成长、对成为幼儿园小主人的向往。"

牵手园的陈老师说："感谢 M 幼给我们带来课程'三聚焦'：聚焦园本资源、聚焦幼儿成长需求点、聚焦家长资源的指引。感谢 S 幼对'生活是最好的课程'——蜂巢浸润（SKEP）课程的构建与实施的研讨。今天云上教研活动给予我们幼儿园在课程构建上的启发。谢谢精彩分享，收获满满。"

网络式教研的广域性使教研活动的成果迅速得到推广，支持了不同区域保教研究以及教研活动质量的整体提升。

二、基于现代信息技术的网络式教研活动的实施

案例

陈老师受"幼儿园主题课程审议"的网络式教研活动的启发，开始着手建立自己的网络教研团队，幼儿园里没有专门的信息技术老师，她就把这个任务交给了比较懂网络技术的王老师，王老师很快就把幼儿园的网络教研群建立起来了。

之前的线上指导工作有众多的问题，陈老师正好学习了一篇关于幼儿园课程指导的文章，觉得特别有针对性，于是就开展了第一次网络教研"指导家长亲子游戏策略"。她首先共享屏幕带领参研教师学习了这篇文章，然后抛出问题：对照我们正在做的活动，你有什么思考？

傅老师说："H幼儿园关注了家长的视角，他们也是教育者。"

陈老师说："请结合文中一个具体活动来说明。"

傅老师说："时光迹的应用，给家长们提供了一个自主分享孩子的生活、撰写亲子指导感悟的平台，我们也可以试着给宝妈宝爸提供这样的平台。"

陈老师说："我们现在有类似的方式吗？"

曾老师说："有的，每晚7:30在班级群中进行幼儿活动的反馈交流。"

王老师说："感觉让家长重视然后积极参与进来还是比较困难，都是照片打卡式完成任务，有点寒暄式的交流，可能跟班级群长期以来交流分享的氛围有关系。H幼儿园说可以让家长来分享孩子的活动，但是感觉我们的家长不是很在乎的样子。"

曾老师说："我们班也是这样，我觉得班级氛围很重要。"

陈老师又上传了几张时光迹的照片，引导说："注意看时光迹每个分享下面老师的关注和评语。"

傅老师说："H幼儿园老师给出了专业的评价。"

王老师说："我们主要就是点赞小朋友提交了活动照片。"

唐老师说："这确实是一个值得探讨的话题。有效的互动，一定是老师提前有思考、有准备的，而且老师一定要抓住家长和孩子的需求点。"

陈老师说："积极的交流氛围下一定有老师有意识的指导和期望。比如照片中的孩子用了什么方式在参与？有没有创新？对比之前自己有什么变化？"

……

就这样一人对着一台电脑说话，大家热烈地说了起来。

在上述案例中，教研活动组织者陈老师首先做好网络、教研活动内容、形式的各种准备，然后有效地开展教研活动。在教研活动中，参研教师根据问题、情景图片等积极地进行网络对话，取得了良好的效果。

(一)组建网络教研活动团队

组建多元的研究团队，一般包括参研员、信息技术员、资料员三个类别，团队组建好后明确责任分工。参与研究的园长、一线教师是基本的参研员，教研活动主持人负责教研活动主题、目的、内容、方案的编制；信息技术员需要围绕教研活动所需建立网络教研活动的操作平台，及时处理网络故障，为所有参研者提供网络操作技术的指导；资料员负责每次活动结束后整理资料、梳理活动实录、归档等工作。

（二）具象的教研活动内容

网络式教研活动必须聚焦教师当下的教育问题和需要，展现的方式也要支持教师可看可论，比如采用案例、图片、活动录像等形式，让参研教师研而有据，有话可说。

（三）有针对性的教研活动话题

网络教研活动的非直面性、多对多的状态使以语音或文字的方式进行的研讨表达具有多头性、零散性、延迟性。教研活动组织者特别需要对教研活动对话的顺序和表达方式进行组织。比如主要发言人的顺序、发言的时间、研讨的时段、交流表达的方式（什么时候进行语言对话、什么时候进行文字研讨）；再比如教研活动主持人的多头性，假如有两位主持人，一位是研讨过程中总的主持人，一位是组织线下对话的主持人，及时抓住参研教师发言中有价值的问题和思考引导集体进行讨论，形成共识。

（四）有期待的教研活动反思

网络可以让教研活动过程展现延续性，持续引发一段时间的有关教研问题的个人思考学习。教研活动管理者可利用此特点，通过研后的回顾学习反思、相关资料上传等方式，引导大家进行非正式的自主研讨，让教研群里出现可期待的美好变化。

第四章 学前教育教研活动的评价

案例

区域中心教研组成员定期教研时间又到了，大家齐聚总有说不完的话，肖老师说："时间过得真快，中心教研组教研活动经过一年，亲历设计教研活动、实施教研活动过程，我们在不断成长、不断思考。"张老师说："教研真有意思，只有亲历才能深刻感受到它的魅力。这一年我参加了每月一次的中心教研活动，觉得每次活动都给自己带来不一样的收获。"阳老师说："教研的关键在于学以致用，用研讨出的理论提升老师的实践智慧。"王老师说："我最大的收获就是自我反思发现真实问题，在同伴互助和专业引领中解决问题。"陈老师说："不是每个幼儿园的教研活动都能促进自身发展，有的幼儿园仅满足于开展了教研活动，上级检查时有过程资料，实则教研活动无效。"陈老师的话使大家陷入沉思。

高质量保育教育已成为幼儿园的时代诉求，教研活动是否有效直接影响保育教育质量。正如案例中陈老师所说，有的教研活动流于形式，虽然教研计划制订得好，教研活动实施过程中教师发言也积极，实施的方式多样，却出现了教师在教研活动时很"激动"，回到实践中"不动"的状况。如何改变这种低效乃至无效的状况？建立教研活动评价机制尤为重要。教研活动评价指标制定及实施评价是关键，本章将围绕教研活动评价的意义、评价指标的编制、评价的实施展开。

第一节 学前教育教研活动评价概述

案例

周老师带领中心组成员调研区内不同类型幼儿园的教研活动评价现状，以案例分析的方式组织了"教研活动评价内涵与价值"的研讨活动。参研人员认真解读、分析呈现的案例，其中大家重点分析了××幼儿园围绕自定评价要点展开的评价，其评价要点如下。

• 教研组要根据幼儿园教师的保育教育实际情况，制订切实可行的教研活动计划。

• 按照计划开展教研活动，每次教研活动要有主题、有目标、有内容。关注计划执行过程中的问题，并适当进行小范围调整。

• 教研活动定期开展，间周一次，每次时间不少于两小时。

• 每位教师准时参加教研活动，不得无故缺席，因故不能参加活动必须向园长请假。

• 学习研讨时做到严肃认真，不迟到，不早退，不闲聊，积极参加讨论，认真做好记录，努力形成良好的教研氛围。

• 教研活动形式丰富。活动前有预告，活动中有记录，活动后有评议，并及时对相关资料进行收集与整理。

• 每学年每位教师要组织全园性观摩活动、教师基本功观摩展示活动一次，鼓励创新，观摩后，组织对每位教师的基本技能、组织活动等情况进行评议，并作为教师业务考核内容存档。

• 教研主持：由教研组长主持或由经验丰富的组员轮流主持。

• 教研组织者之间在教研目标、教研内容、教研形式与教研经验上，要加强沟通，共同实践。

看了案例具体内容后，大家展开了热烈的讨论。

张老师：以上评价的是幼儿园教研管理制度，不应将其作为教研活动评价要点。

肖老师：是的，我认为这样的评价是管理，是对教研活动各方面的要求。

案例中出现的评价要点是对幼儿园教研活动时间、参研人纪律、资料收集、考核的管理制度要求，而非对教研活动效果及影响效果的诸要素的判断和诊断。

 案例

"通过课例分析数概念教育的有效策略"主题教研活动即将结束，陈老师说："每位老师简单谈一下今天教研活动的收获或存在的问题。"

谭老师："观看了中班数学活动'找朋友'，通过大家的讨论，我觉得实现数学目标最关键的是制定目标时要思考幼儿的前期经验。"

王老师："我在如何将抽象的数学知识通过游戏教给幼儿方面受到了启示。"

刘老师："通过今天的教研活动，我对如何提供材料有了一些认识。"

周老师："我对中班幼儿的数概念有了更深的理解。"

……

陈老师："今天的教研活动效果很好，每位老师都积极发言，也有收获，希望大家回去后将本次活动总结的策略运用到实践中，本次活动到此结束。"

陈老师是教研组长，每次教研活动结束后，她都以每位参研者说收获或困惑作为评价教研活动的内容，为下次策划教研活动提供依据。这是真正意义上的教研活动评价吗？

什么是评价？美国教育学家拉尔夫·泰勒指出："教育评价就是衡量实际活动达到教育目标的程度。"①评价是从特定的目的出发，根据一定的标准，通过特定的程序对已经完成或正在从事的工作（或学习）进行检测，找出反映工作（或学习）进程质量或成果水平的资料或数据，从而对工作（或学习）质量或成果水平做出合理的判断。

何为学前教育教研活动评价？学前教育教研活动评价有何价值？这些是学前教育教研工作者必须弄清楚的问题，也是本节要重点介绍的内容。

一、学前教育教研活动评价的意义

学前教育教研活动评价是根据学前教育教研目的，对学前教育教研活动中出现的现象和产生的价值进行分析、甄别、判断，参与活动的主体和评价主体逐步达成共识，促进学前教研活动不断调适、改进和发展的过程。从教研活动过程来看，学前教育教研活动评价是对活动实施前、过程中、实施成果及成果运用进行的评价。

学前教育教研活动评价性质是发展性评价，它关注评价的过程，重视教师的主动参与，关注个体间的差异，关注教师的研究起点和发展变化的过程；强调多主体评价，目的是推进解决保育教育过程中的问题，提高保教质量。

（一）学前教育教研活动评价存在的问题

开展学前教育教研活动评价是现实需要，很有必要性。调查发现学前教育教研活动评价存在一些问题，没有充分发挥自身价值，因此有必要科学定位学前教育教研活动评价。

1. 评价内容缺乏整体系统思考

在当下学前教育教研活动评价中，教研活动评价指标只是对教研活动要求的罗列，对教研活动的目标、内容、主题、效果等方面缺乏整体系统的评价思考。

---

① 吴钢：《现代教育评价教程》，5页，北京，北京大学出版社，2016。

2. 评价主体忽视参研者的主体地位

教研活动是教师专业发展的有效手段，现在的评价主要是自上而下的评价，虽然有的评价采用了教师自我评价、管理者评价、专家评价等形式，但教师的评价流于形式，有的在教研活动结束时每人说一句收获之类的话即为评价，其实质还是以教研活动组织者或专家的评价为主，这导致教师养成了依赖组织者、崇拜权威的习惯，参研教师大多处于消极的评价状态。

3. 教研活动评价成果运用得少

我们在实践中发现，对于教研活动的成果，教师大都清楚，但在实践中运用得少，究其原因主要是参研者将教研活动与日常保教行为割裂开，评价内容只注重每次活动本身，忽视教研活动成果运用于后续实践引导保教行为的改变。

（二）学前教育教研活动评价的意义

学前教育教研活动评价目的是改善参研人员保教行为，提升幼儿园或区域保教质量，对教师专业发展有独特的作用和意义。

1. 引领保教人员专业发展

学前教育教研活动评价是针对教研活动内容、方法以及保教活动问题的解决、教师实践行为的改变等要素进行诊断的过程，价值导向必然要促进教师专业发展。参研人员在教研活动中获得足够的信息与有用的建议后，能不断丰富自身的专业知识，提升实践智慧，在实践中有效改善教育教学策略，进而实现幼儿发展的预期。

2. 激励保教人员勤于实践、善于研究

肯定的评价具有激励作用，通过学前教育教研活动评价激励，推动教师积极参与保教研究，感受研究带来的乐趣，从平凡的、司空见惯的事物中看出新的方向、新的特征、新的细节。这种激励所产生的动力是教师形成创造性劳动态度的重要条件。这种动力可以让教师自己发觉提升专业水准的紧迫感，提升自身专业成长的必要性，从而积极、自觉地改变自己的观念和行为。

3. 促进学前教育教研活动的组织管理更具科学性

学前教育教研活动是保教人员熟悉的常态化活动，教研活动的实施是否达到了应有的效果，是否真正促进了保教人员专业水平的提高，是否促进保教人员形成了一定的研究意识、掌握了一定的研究方法等，这些都可以通过教研活动评价来验证和判断。为此，幼儿园和区域必须建立学前教育教研活动评价制度，以科学的态度保障教研活动的质量。

二、学前教育教研活动评价的特点

案例

以"制定教师个人专业发展规划"为主题的第一次教研活动开始了，首先由三位骨干教师交流专业发展规划，然后展开案例分析，主持人肖老师总结梳理了撰写专业发展规划的基本结构以及注意事项，最后每位参研教师撰写个人发展规划。会后肖老师带领骨干教师以每位参研教师制定的专业发展规划为案例评价本次活动实效，发现一半以上教师的专业发展规划依然存在"自我分析诊断不准确；发展目标空泛；目标与措施脱节；自我检核笼统"问题。于是肖老师又开展了第二次教研活动"如何制定适宜的教师专业发展规划"。首先分析教师专业发展规划体现出的亮点，然后采用同伴互助方式从现状分析、成长目标、行动措施、自我检核几个方面进行了全面分析，每位参研教师都再次修改完善，形成了可操作的规划。

在案例中，主持人肖老师具有教研活动评价的意识，在教研活动完成后采用恰当的方式评价教研活动的实效，找寻教研活动存在的问题，然后跟进式地设计后续的教研活动，不断动态调适、改进、完善教研内容和过程，通过科学的教研活动评价实现教师的专业成长。教研活动评价具有科学合理性、动态持续性、多主体参与性、团队合作性。

(一)科学合理性

学前教育教研活动是以促进保教人员专业进步为目的，以保教人员所面对的各种具体的保育教育问题为研究对象，以保教人员为参与主体，为实现教研活动目标而开展的活动。教研活动评价是基于保教人员的专业能力发展而展开的，可全方位检核活动成效。教研活动评价主要内容和关键要素要以保教人员专业发展标准为导向，以满足保教人员实际需求和解决实践真问题为目标，选择适宜的评价方式，注重教研活动过程，必须有科学评价指标和方式才能实现评价目的。

(二)动态持续性

教研活动动态性指在教研活动中不断反思、诊断、发现问题，及时跟进研讨以达到教研活动目标。在对教研活动进行评价的时候，既要注重该阶段的基础，又要注重教研活动组织实施过程及其走向。特别是在教研活动评价中要注重组织实施过程的动态发展。当下的教研活动评价是渐进的、动态化的、发展的。评价使信息反馈迅速，便于及时调整、及时控制和及时改进，具有科学性和实践性。所以过程评价的本质是反馈—调节—矫正，是使教研活动组织实施不断超越自我、不断居安思变的过程。

（三）多主体参与性

教研活动评价是一种自上而下和自下而上相结合的评价，管理者是教研活动评价的主体，通过评价能及时了解整个团队的实际教研水平，为后续的跟进举措提供依据。自上而下的评价主体还应有专家，他们从理论的高度评价教研活动效果，为教研活动走向深度研究或理性提升提供方向。自下而上则要求保教人员是教研活动评价主体，只有这样才能充分地调动被评价者的积极性和主观能动性。保教人员只有自主地对教研活动进行评价，才会发现自己的不足，激发出自身发展的需求。多主体的教研活动评价能全面、客观地反映教研活动实施的质量，持续促进幼儿园或区域保教质量的整体提升。

（四）团队合作性

教研活动以团队形式进行，教研活动评价的目的是促进教研团队相互学习、相互切磋、合作研究、共同提高。教研活动团队既有由园所内成员组成的，还有由区域园所组成的，因此教研活动评价强调以幼儿园内部评价为主的内外部团队评价的结合，二者在对话与沟通的基础上达成共识，才能推动教研活动评价更好开展。

第二节　学前教育教研活动评价的内容与指标

教研活动是促进教师专业发展的有效路径，也是保教人员喜欢的研究活动。保教人员期望通过参与教研活动获得有效的经验、方法和策略，他们认为让自己有专业收获的教研活动才是有质量的教研活动。那究竟何为有质量的教研活动？它应该是什么样态的，有哪些具体的表现和明确的标准？如何来评价教研活动的有效性？本节将在厘清教研活动评价内涵、价值、特点的基础上对学前教育教研活动的评价内容和指标体系进行探讨。

一、学前教育教研活动评价的内容

学前教育教研活动的效果受方方面面因素的影响，所以在对学前教育教研活动进行评价的时候，评价的内容会涉及教研活动的各个阶段和各个方面。

 案例

××区学前教育教研活动评价要点

活动计划	1. 每学期都有完整的教研活动计划，每次都有教研活动实施计划。
	2. 计划结构完整，目标得当，内容方法适宜。
	3. 计划体现教研活动的主题性、连续性。

续表

活动管理	1. 教研活动组织实施机构健全、合理。 2. 教研活动组织的人员职责明确。 3. 每次活动人员落实、分工合理。 4. 每次活动资源条件齐备。
活动过程	1. 教研活动主题明确且贯穿始终，有研究的问题意识，有适宜的话题展开。 2. 参研主体。 组织者：把握现状，准备充分；提问适宜，紧扣主题；调控进程，引领反思。 参与者：积极主动，敢于对话质疑，有收获启示。 3. 活动中营造了民主、平等、对话的教研活动氛围。
活动成效	1. 在教研活动中参与发言率达85％以上，积极参与状态持久。 2. 解决了保教实践中的问题，总结形成完整结论并运用于实践。 3. 提高了教研活动文化品位。 4. 活动结论有一定的理性提升。

表 4-1 是区教研员周老师为了实现教研活动的价值，从活动计划、活动过程、活动成效、活动管理四个方面编制的学前教育教研活动评价指标，指标全面，这在一定程度上保证了区域教研活动的规范性和高效性。在具体的评价实施过程中，根据需求，既可以进行综合内容评价，也可以进行单项内容评价。

(一)综合内容评价

 案例

在一次主题为"教育活动的介入与不介入"的教研活动中，陈老师先组织参研教师学习了"介入"的内涵，然后呈现了 4 个教育活动案例，并从教师该不该介入、介入的时机、介入的方法几方面提出了研讨的问题。大家通过案例分析、对话讨论，最后提炼出教育活动中教师介入的相关策略。

在教研活动结束时，陈老师请每位参研教师用一句话评价本次教研活动。李老师说："有效的介入一定建立在仔细观察的基础上。"王老师说："教师介入的时机、运用的策略、体现的效果都与专业密不可分。"谢老师说："教师的介入只能是锦上添花，不能画蛇添足。"

区教研员周老师也对教研活动进行了评价。周老师认为："这是一次有价值有意义有实效的教研活动。从选题来源看，在教育活动中教师不知道是否应该介入幼儿的活动，介入活动担心干扰影响幼儿，不介入又担心教师的主导作用没有发挥，所以常常处于进退两难、模糊纠结的状态。这次教研活动针对这个问题而开展，话题来源于教师的教育实践和教师的问题，贴近教师的需求。从教研活动目标看，目标体现着从解决实践问题到提高教师能力，再到提高幼儿园保教质量和促进幼儿发展，全面具体，有针对性和操作性。此外，从教研活动过程看，整个活动都是围绕教师在教育活动中是否介入的话题进行的，从对"介入"一词的认识和理解，让教师知道介入是教师有目的、有意识地想改变活动状态或推进活动进程而实施的教育干预。在此基础上，通过情景图片引导教师讨论情景问题，让教师获得是否介入的依据；通过参与式的分组讨论获得介入的适宜时机；通过两个情景案例让教师获得不同的具体的介入策略，最后让参研教师梳理观点，获得对介入话题更加清晰的认识。过程研讨重点突出，教师们主动思考，积极表达自己的意见和想法，讨论充分，互动积极。从教研活动效果看，教师们获得了策略和方法，明确了依据和时机，达到了活动的目标，教研活动的实效性得到呈现。这个实效也可以从教师们的教研感受中看到。不足之处是，教研活动的组织者在紧扣主题引发教师的反问、追问方面显得有些薄弱。"

以"教育活动中的介入与不介入"为主题的教研活动的最后一环节采用教师自评和专家评价的形式对活动效果进行了评价，教师的评价针对的是教研活动的某一方面，区教研员周老师则从选题、目标、过程、效果几方面进行了综合评价，这是一种教研活动的综合内容评价。

教研活动的综合内容评价是对教研活动诸要素如教研活动设计、教研活动实施过程以及教研活动效果进行的评价，是全面的、系统的评价。教研活动的综合内容评价的具体评价指标见表4-1。

表 4-1　教研活动综合评价指标

一级指标	二级指标	评价要点		分值	得分
教研活动设计	活动选题	选题来源于教师实际保教工作中的真实问题。			
		实践问题是真性问题还是假性问题。			
		是参研者迫切需要解决的问题。			
	活动准备	经验准备	针对教研活动话题学习相关理论与资料，思考相关问题，收集自我困惑问题。		
		材料准备	准备好教研活动需要的工具材料、设备以及视频材料、图片资料等。		
	活动目标	清楚明确，具体可操作，有针对性。			

学前教育教研活动的设计与实施

续表

一级指标	二级指标	评价要点	分值	得分
教研活动过程	活动环节	每个环节都围绕选题进行。		
		研讨重点突出，并有所突破。		
		环节清晰，层次有序。		
		能调动积极性，发现认知冲突，引发争论。		
	活动组织形式	组织形式与活动目标、内容、方法相适宜。		
		活动形式有助于教研问题的深入。		
		能激发参研者参与的热情，支持参研者深度参与。		
教研活动效果	参研状态	参研者按时参加教研活动，活动时间为1.5～2小时。		
		讨论充分，互动积极。		
		注意力集中，不游离在活动之外。		
	活动效果	参研者获得策略与方法，专业认识得到提高。		
		形成民主、平等、反思、互助的教研文化氛围。		
		活动目标达成。		

（二）单项内容评价

教研活动的单项内容评价是对教研活动的某一方面进行的评价。单项内容评价可以根据幼儿园或区域的需求确定某一项内容，也可以是针对选题、活动目标、活动过程的某一方面来进行评价。

1. 教研活动组织结构评价

教研活动组织结构评价，实际上是对教研活动在组织层面的有效性、合理性以及效能的评估，具体的评价指标见表4-2。

表4-2　教研活动组织结构评价指标

一级指标	二级指标	评价要点	分值	得分
系统性	纵向有序	组织结构内在层次合理明确。		
		结构序列清晰。		
	横向联系	各个组织结构既相对独立又有横向联系。		
多元化	不同维度	能从多个维度考虑组织结构设置。		
	组织模式	能根据区域实际或园所规模设置不同的组织模式。		
适切性	组织规模	规模设置适宜，能优化资源配置，能促进高效的决策，不造成资源闲置和浪费。		
	动态性	能随着社会发展和教育改革而不断完善。		

2. 教研活动计划评价

教研活动计划评价是对教研活动计划的系统性、科学性、可行性和实用性等方面进行的全面评价。这样的评价有助于我们更好地了解教研活动的目标、内容、方法以及预期效果，具体的评价指标见表 4-3。

表 4-3　教研活动计划评价指标

一级指标	二级指标	评价要点	分值	得分
计划结构	完整性	计划结构完整，包括情况分析、目标、内容与措施、活动安排、目标检核。		
	层次性	层次线索清晰，表述适宜。		
计划质量	目的性	计划目标清楚，解决什么问题，达到什么目的，完成什么任务明确。		
	操作性	计划实施的内容和措施具体明确，可操作。		
	针对性	立足真实现状分析和实际问题解决有实效，非抄袭和直接借用。		

3. 教研活动参研者状态评价

教研活动参研者状态评价主要关注的是参研者在教研活动中的表现，如态度、行为。这样的评价有助于了解参研者的积极性、投入度以及收获情况，从而进一步优化教研活动的组织和实施。具体的评价指标见表 4-4。

表 4-4　教研活动参研者状态评价指标

评价项目	评价要点	分值	得分
参研状态	讨论充分，互动积极，结论清楚深刻。		
思维状态	积极思考，善于倾听，大胆表达。		
效果达成	活动目标达成了多少，能对不同层次的教师产生影响，研究有所延续和深入。		

4. 教研活动有效对话评价

教研活动有效对话评价主要关注对话在教研活动中的实际作用，包括对话的深度、广度、参与度以及对话对实现教研目标的促进作用等。具体的评价指标见表 4-5。

表 4-5　教研活动有效对话评价指标

评价项目	评价要点	分值	得分
平等对话	各抒己见，自圆其说，强调教师独立思考，不人云亦云，发表自己的见解。		

111

评价项目	评价要点	分值	得分
质疑对话	在教研的过程中有观点交锋、讨论争鸣。		
真诚对话	没有唯一的结论，参与者各取所需，强调个人的辩证理解和感受。		

5. 教研活动主持人提问技术评价

教研活动主持人提问技术评价主要关注的是主持人在教研活动中提问的质量、方式和效果。一个优秀的主持人应该能够运用恰当的提问技术，如设问、反问、追问、疑问等方式，引导参研者深入思考、积极交流，从而推动教研活动的深入开展。具体的评价指标见表4-6。

表4-6　教研活动主持人提问技术评价指标

评价项目	评价要点	分值	得分
设问	根据中心议题提出问题引发讨论。		
反问	能根据参研者发言中的问题进行反问，达到引起发言人自我反思的目的。		
追问	能及时捕捉和发现参研者发言内容中的问题并进行提问，使发言内容更加完整。		
疑问	根据发言人提出的观点进行质疑提问，使发言人对问题的思考更加清晰明确。		

二、学前教育教研活动评价的指标

 案例

一位工作了两年的年轻教师提出了"教师该不该提供范画"的问题。问题提出后，主持人唐老师改变过去在活动组织中包揽问题并立即回应问题的做法，将问题抛给老师们"谁来回应一下这个问题"，此时活动室内一片安静。

于是，唐老师转向在幼儿园有一定美术活动教学经验的陈老师，说道："陈老师，我知道您在这方面有经验，您能说说吗？"于是陈老师就反问年轻教师说："在你的认识中范画是什么样的？"年轻教师说："就是我们老师画好的那种绘画作品。"于是陈老师就这种范画的特点以及对孩子的影响发表了自己的意见。

陈老师讲完后，唐老师转向全体老师问："陈老师的解答你们同意吗？有没有不同的意见?"大家纷纷点头表示赞同，于是唐老师就和大家梳理出关于这个问题的第一个认识——不能给孩子提供成品的范画，否则会束缚孩子的表现和想象。

紧接着唐老师又对大家说："对这个问题你们还有没有疑虑呢? 还遇到过棘手的问题吗?"张老师问道："那孩子画不出来怎么办?"唐老师知道对问题深层次的探讨来了，于是赶紧说："是啊，没有了范画，孩子画不出来，只是一张白纸怎么办呢? 谁能讲讲孩子画不出来的问题是什么?"陈老师说那是因为孩子对素材、对环境的感知少。于是他们又梳理出第二条，那就是要让孩子能画出来，必须让孩子有大量感知感受的机会和条件。接着唐老师又问："怎么让孩子来感受呢? 有没有好的办法呢?"为了让大家共同出主意想办法，让每个老师都参与其中，唐老师将老师们分成几组进行研讨，于是怎么引导孩子去感知感受的办法，又被大家一一列举出来。

这一环节结束后，唐老师又问："在孩子的绘画结束时，我常常听到老师这样的话，'小朋友画得满满的，真好! 你的颜色用得很漂亮，如果你把这朵花画在这个地方就好了'，这些话是什么意思?"老师们说是评价，唐老师又说道："对这样的评价赞同的请举手。赞同的和觉得有问题的，分成两组，分别说说自己的理由。"

这次教研活动结束后，大家都很激动，有的老师说："这次教研活动，我很激动，我的问题得到了解决。""我喜欢这样的教研，同时也期盼下一次教研活动仍然是这样来进行。"他们都感到这样的教研活动很有收获，但是这样的评价是笼统、模糊的，于是唐老师给每个教师发了教研活动主持人提问技术专项评价标准表，请每个教师就教研活动中主持人提问的有效性罗列出 4 条标准，然后唐老师汇总，最后从"设问、反问、追问、疑问"四方面编制了教研活动主持人提问技术评价指标，用于指导自己在教研活动中问题的设计和提问的实效。

上述教研活动评价内容是针对在教研活动中教研活动主持人的提问技术单项开展的。提问技术指在开展教研活动过程中为引起教师的思考和讨论，提出教师整个过程都在研讨的问题。唐老师发挥所有参研人员的智慧，编制了本园教研活动主持人提问技术评价指标，这样的指标具有操作性和实效性。

教研活动评价不仅可以促进教研活动质量的提升，还可以推动教师的专业发展。教研活动评价指标的编制影响着教研活动的质量，如果编制的指标科学适宜就可以切实解决教研活动中的问题，增强教研活动的实效性。如何能编制出科学适宜的评价指标?

（一）自下而上和自上而下的结合

编制教研活动评价指标时要广泛征求教师意见并听取建议，不能只由园长、副园长、教研组长等几个人编制拟定，要对指标的必要性和可行性进行充分思考，不能盲目确定。编制指标的过程既是带领教师学习研究的过程，也是对教研活动质量进行思考的过程。在这一过程中，教师们对指标达成共识，共同遵守执行。

（二）立足教研活动的实际和问题

立足教研活动的实际和问题编制评价指标并进行评价活动可以有效解决教研中的问题，特别是单项评价指标的编制。虽然上面只列举了参研者状态、有效对话、主持人提问技术等单项评价指标，但实际上教研活动包含诸多要素，只有立足于实际和问题，编制的指标才具有操作性。

（三）注重严谨性和逻辑性

教研活动评价指标是针对教研活动要素制定的，有别于保教活动质量评价标准和一日活动评价标准。制定教研活动评价指标时要尊重学前教育规律，突出教研活动的特征，每条指标间不重复，更不能矛盾，即制定教研活动评价指标要注重严谨性和逻辑性。

（四）表现方式简洁清晰

教研活动评价指标的表现方式一般有文字陈述条款罗列式、表格式和思维导图式三种，人们一般选用表格式和思维导图式。表格式呈现清晰明了，一目了然，思维导图式简洁且能凸显指标间的关系。总之，指标的表述方式应简洁清晰、便于操作。

第三节　学前教育教研活动评价的实施

科学有效地实施教研活动评价，是开展教研活动的重要环节。教研活动评价的实施过程就是运用教研活动评价指标诊断教研活动结果的过程。本节阐释教研活动评价类型、教研活动评价实施步骤以及教研活动评价实施应遵循的原则，为有针对性地开展教研活动评价提供理论支撑。

一、学前教育教研活动评价类型

案例

中心组成员肖老师发现虽然园本课程已经构建，但实施的效果不太理想。在上一次"情智课程实施有效性"教研活动后的评价环节，她发现老师们对区域活动材料哪些是有效的、哪些是无效的存在很多困惑，于是组织了一次"区域学习活动材料的有效性"教研活动。首先通过案例分析活动区材料使用中存在的问题，然后集体头脑风暴如何调整、学习相关理论，最后请参研人员评价本次教研活动。

教师自评：请每位教师用一句话表达参加教研活动的收获或感受，对照教研活动质量评价标准评价本次教研活动，满分 10 分。

教师互评：请教师互评推荐本次教研活动中发言对你启发大的 2 位老师，参评本次教研之星。

教研组长评价：请推荐 2 位你认为发言内容最有价值的老师，参与教研之星的评选。对照教研活动质量评价标准为本次教研活动评分，满分 10 分。

园长评价：请园长做活动点评，推荐 2 位教研之星，对照教研活动质量评价标准为本次教研活动评分，满分 10 分。

同行(区域中心教研组成员)评价：请每位参与观摩的同行用一句话评价本次教研活动，对照教研活动质量评价标准为本次教研活动评分，满分 10 分。

教师评分＋教研组长评分＋园长评分＋同行评分为总分，平均分为本次教研活动得分。将得分情况当场反馈给全体参与教研活动的人员。教研组长总结本次教研活动的优势与不足。

案例中的活动评价是即时评价，根据评价指标采用教师个体评价、同行评价等相结合的形式诊断本次活动的效果。教研活动评价根据不同维度可划分为不同类型。

(一)根据教研活动评价的主体划分

1. 集体评价

集体评价是集中多人对教研活动进行的评价，参加集体评价的人员可以是参加教研活动的教师，也可以是教研活动专家、观摩活动的同行。集体评价的视角比较多元，可以收集到来自多方的反馈，可以更加全面地评价教研活动，使评价更客观。在教研活动的评价中，集体评价比较多，其评价方式有指标赋值评价、过程质性评价等。

2. 个体评价

个体评价是参加教研活动的个人对参研质量进行的评价。个体评价的主体可以为专家、幼儿园园长、骨干教师、普通教师。由评价者全程观察教研活动，对教研活动目标、活动过程、参研状态、参研效果进行评价。个体评价可以采用现场点评、指标赋值评价、逸事记录、评教研之星等方式进行。

(二)根据教研活动评价的时间划分

1. 即时评价

即时评价就是在教研活动现场，及时对教研活动进行评价的方式，是教研活动中常用的评价类型。即时评价具有很强的情境性、共振性、及时性，能及时帮助教师获得较深刻的体验和感受，评价的效果也比较好。教研活动即时评价的方法有很多，如可以通过现场点评、打分或问卷星调查等方式对教研活动进行评价。

2. 阶段总结评价

阶段总结评价是根据教研活动需要，根据时间阶段对照教研活动评价指标，在学期中、学期末对教研活动质量进行的阶段性评价；或以一个教研活动专题的开始和结束为时间点对系列教研活动进行的阶段总结评价。阶段总结评价可采用阶段成果展示方式进行。

(三)根据教研活动评价的方式划分

1. 面谈式评价

面谈式评价就是参与教研活动评价的人员采用面对面交谈的方式对教研活动进行评价，并得出结论、给出建议，采用的方式主要为座谈式。

2. 书面评价

书面评价就是参加教研活动评价的人员，根据评价的需要，依据教研活动评价指标，记录教研活动现场情况或填写情况问卷，得出结论和提出建议，对教研活动整体情况写出书面报告。

3. 网络评价

网络评价是通过编制教研评价网络问卷，参与评价的人员通过线上填写问卷，对教研活动进行评价，运用网络工具对问卷结果进行数据统计分析得出结论的评价方式。网络评价可采用实名或匿名方式进行，具有方便、快捷、公正、客观的优势，使用越来越广泛。

二、学前教育教研活动评价的实施步骤

教研活动评价实际就是对教研活动实施全过程、全要素进行反思、诊断的过程。

(一)搜集评价信息

搜集评价信息的目的是为科学开展教研活动评价提供事实依据，只有充分收集教研活动的各种信息，才能准确评价教研活动质量。搜集评价信息大体有三种方法。

1. 现场观察法

参与教研活动是搜集教研活动评价信息最直接、最主要的方式。评价者亲临教研活动现场，了解教研活动的全过程，能为理性分析奠定真实的感性认识基础。

实施现场观察法要注意以下事项：

①评价者要达到一定的专业水平。评价者要具备对学前教育领域整体把握

的能力，了解学前教育改革方向。

②明确教研活动的目的，全面把握教研活动的评价标准，减少主观意识的影响。

③对参与教研活动的人员、教研活动内容有较全面的了解。

④使用科学的语言表达。观察结果的表达要客观、公正，评价用语要规范、清晰、明确。

2.视频评价法

视频评价法就是把教研活动实况录下来，反复观看视频后再评价教研活动的方法。运用视频评价法在进行录像前要做好准备工作，如包括对环境、设备、条件的了解，征求教研活动组织者、参研人员的意见，尊重参研人员的决定，注意尽量不干扰教研活动的正常进行。有条件的可以用多个机位同时摄像记录教研活动的多边互动情况。摄像时要做好场记，以备后期加工时使用，把录像内容转化为文字。

随着信息技术的发展，视频评价法在教研活动中得到较多的运用，特别是录像资料为客观评价教研活动提供了有力的支持。

3.调查评价法

调查评价法就是采用问卷或访谈等方式开展教研活动评价的方法。实施问卷或访谈法，首先根据教研活动评价目标制定问卷或访谈提纲，然后根据评价需要把握发放问卷或进行访谈的时机。问卷有的需要在教研活动前发放，有的需要在教研活动后发放；访谈可以在评价前或评价后进行，也可以在评价前后都进行，这样可以更加全面地了解教师的变化，从而更加客观地评价教研活动。最后，问卷调查与访谈结束后，需要对问卷或访谈数据进行统计分析，得出结论，对教研活动进行评价。

（二）整理分析评价信息

搜集的信息比较分散、凌乱，为此要整理搜集的信息，去粗存精，使之条理化，并进行概括分析。

1.状态分析

状态分析就是对教研活动所呈现的状态进行分析，目的是认清它的性质和程度。首先应是特征的分析，即根据评价指标体系，对教研活动相关方面的表现所具有的特征逐一进行分析。这种分析一般来说较为具体、全面，针对性强，可以使人们对评价对象的状况一目了然，可以使人们清楚地认识教研活动的优势与不足，以及需要改进的方面。这些是对教研活动做出正确价值判断的前提。

2.比较分析

比较分析的目的是判断评价对象在群体中的相对水平，或判断评价对象自身的发展趋势与成长变化轨迹。这种分析可以帮助评价对象看到自己的优势，增强信心，或找出差距，不断激励自己上进。

3. 总体分析

总体分析是对教研活动的整体表现情况所进行的概括性判断，可以使人们迅速把握评价对象与评价标准之间的距离，掌握评价对象所处的水平位置。

4. 原因分析

在判断评价对象取得的成绩和存在的问题以后，为进一步巩固正确的认识、态度、行为，改正不足之处，需要对结果的产生原因进行分析，并针对主客观原因提出相应的改进措施。

（三）反馈评价结果

通过对教研活动评价信息的分析和整理，评价者对所评教研活动的质量、状态做出价值判断。这种判断是建立在评价者与被评价者充分讨论、协商、认同的基础之上的，评价者需将判断结果反馈给受评参研人员或相关人员。

根据教研活动评价指标，反馈评价结果的方式有描述式和量化式。描述式，是对照教研活动评价指标，将现场观察到的情况进行描述，得出结论；量化式，是对照教研活动评价指标，根据现场观察得出量化评价结论，同时在量化评价后给出关键的得分或失分理由。反馈意见应尽量具体，有理有据，不空洞，不说教，不似是而非，容易让人理解与接受。另外，评价者要充分尊重被评价者的感受，以民主、平等的态度对待被评价者，所作评价以正面鼓励为主，既要观点明确，又要留有余地。

三、学前教育教研活动评价需要遵循的原则

案例

唐老师经过几周的观察发现，教师对低结构活动的价值认识不到位，活动中多出现高结构活动。于是她组织开展了一次低结构的专题教研活动，最后是评价环节。

唐老师："接下来请老师们逐一说一句对今天教研活动的评价，对照幼儿园教研活动评价标准对今天的教研活动质量进行打分。"

教研组长评价："这是一次让人印象深刻的教研活动。活动前，通过对教师组织活动区活动的观察、了解，我发现老师们对开展此类活动的认识不足，指导滞后，活动流于形式，缺乏实效。因此，我通过自我学习、查找相关资料，做好充足准备，力图通过教研中的集体梳理与讨论，转变教师的观念，进而调整教师的行为。应该说，此次活动内容的设定，是贴合教师实际工作中的

问题、符合教师专业成长的需求的。但是现场冷场的巨大反差，园长'发话'带来的变化，引发了我对教研组长的角色、任务，以及如何有效开展教研活动的反思与追问。教研活动评价总分为 10 分，我给自己今天的评价是 3 分，教师 8 分，园长 8 分。"

园长评价："本次教研活动遵循了实事求是的原则，研讨的问题是幼儿园目前真实存在的问题：教师从高结构活动向低结构活动转换阶段中的问题，教师在低结构活动中做什么？教研组长的准备很充分，资料准备充足。教研组长能勇敢地面对教研活动中教师沉默的问题，并积极从自己的组织实施角度反思教研活动的问题——独唱，进而引发改进教研活动的思考和后续活动。通过观察、收集本次教研活动的相关信息，我们发现本次教研活动的主要问题为'教研主题过大'。高结构活动和低结构活动有着各自的特点和作用，我们不能以偏概全，非此即彼。如何在高结构活动和低结构活动之间找到合适的平衡点，不是一两次教研活动能够解决的。从理念到实践转换的过程是一个点滴积累、领悟的过程。为此，对照教研活动评价指标看，本次教研活动的内容选点过大，建议将问题分解成一个个小问题，逐次解决。其次，教师'无备'而来，临时参加教研活动，没有来自教师自己实践问题的收集，所以他们无话可说。学前教研的问题一定是来自教师的问题，是教师需要解决的问题，教师有需要，才会有话可说。我给今天的教研活动评价是 6 分。"

案例中的主持人唐老师在教研活动最后环节组织了对教研活动效果的及时评价，既有参研人员、园长、教研组长的质性评价，又有对照评价标准的量性评价，评价主体全员化，评价方式多样化，这样的评价结果既真实又客观。教研活动评价可遵循以下原则。

(一)评价主体多元化原则

评价主体多元化原则是指参与教研活动评价的主体人员要多角色、多层次，教师、幼儿园管理人员、专家、观摩人员等都是参与教研活动评价的主体。其意义在于：通过教研活动评价彰显教师主体地位，让教师成为教研的主人，发挥管理人员、专家的专业引领作用，共同推动教研活动高质量发展。

(二)实事求是原则

实事求是原则是指一切从客观实际出发。其意义在于：以教研活动的真实情况为基础，以先进的教学理论为依据，恰如其分地进行评析。评价者以学习者和研究者的身份出现，被评价者以学习和研究为主要目的，从而获得真实客观的结论。

(三)过程性与终结性相结合原则

过程性与终结性相结合原则是指教研活动评价既是对教研过程的评价，也是对教研结果的评价。评价时既要关注教研活动的局部和细节，也要对教研活动的整体情况进行分析；既要联系教师的平时工作评价教研活动，又要得出科学客观的评价结果，为后期工作指明方向。其意义在于：教研过程与教研结果有着紧密的联系，教研活动评价既关注过程也注重结果；通过评价结果，帮助参研者诊断教研现状，从而逐步提高学前教研活动质量。

（四）激励性原则

激励性原则是指通过评价充分激发参研者的内在发展动力，尊重参研者，让参研者增强心理安全感和归属感，使其专业能力得到最大限度发挥。其意义在于：评价的目的是解决保教活动中的问题，改善教师的保教行为，激发教师的研究热情，促进教师的专业发展。因此，在评价过程中使用的语言应充分肯定成绩，肯定教师取得的点滴进步，通过激励促使教研活动的组织者和教师更深入地研究儿童、研究一日活动，提高教育智慧。

（五）操作性原则

操作性原则是指教研活动评价有具体的操作指标、操作方法、操作步骤和操作结果。其意义在于：评价具体可行、具体可感、具体可得，让评价真正发挥导向作用。

在进行教研活动评价时，不同时期、不同地区、不同幼儿园会遇到不同的问题。一个评价指标体系不可能在任何时候、任何地方都是绝对适宜的。科学的评价指标体系的构建不是简单地拼凑，进行教研活动评价的根本目的是调动教师的积极性，激发教师在专业发展道路上不断前行的动力。

第五章　学前教育教研活动的文化

　　教研活动是幼儿园教师培训的一种主要形式，是以保教人员为主体，以保教实践为基础，有目的、有计划地运用教育规律与基本原则，采用科学的方法，解决保教工作中实际问题，提高保教质量的研究活动。[①]

　　在教研活动中，教研组织者营造的研讨氛围，对参研者的态度以及参研者在活动中的感受都会产生直接影响，而良好研讨氛围的实现主要依靠文化氛围的营造。何为文化？埃德加·沙因在《组织文化与领导力》中将文化界定为：文化是一群人在解决适应环境和内部团结的问题时习得的、成体系的一系列基本预设。这些预设在实践中卓有成效，所以被认为是正确的，被当作解决问题时正确的感知、思考和处理方式传递给新的成员。[②]

　　根据这个界定，我们可以将幼儿园的教研文化界定为："教研文化是活动组织者和参研教师在长期的教研活动中为解决实际保育教育问题，自觉积淀出的一种可被传承的活动方式、思维方式、行为规范和价值观念，是被普遍认同的意识形态，是可以在深层次上对参研人员的发展产生影响的文化氛围。"教研文化实际上主要体现在教研活动中人与人之间的关系上。

　　刘占兰认为"自我反思、同伴互助、专业引领"是构成园本教研的三个基本要素。[③] "自我反思"和"同伴互助"是基于彼此平等、信任的"对话"实现的，组织者与参研者只有愿意对话交流，才能在反思中产生智慧，才能在分享智慧中实现教研目标，所以"对话""反思""互助"是实现教研目标的关键要素。本章将从对话文化、反思文化和互助文化三个方面对学前教研文化进行阐释。

---

　　① 邢少颖、张淑娟：《关于幼儿园教研活动多元化的思考》，载《学前教育研究》，2005(12)。

　　② ［美］埃德加·沙因：《组织文化与领导力》，章凯、罗文豪、朱超威等译，16 页，北京，中国人民大学出版社，2014。

　　③ 刘占兰：《园本教研的基本特征》，载《学前教育》，2005(5)。

第一节　学前教育教研活动的对话文化

案例

唐老师组织了一次主题为"在测量活动中如何根据幼儿身心特点投放适宜测量工具"的教研活动。观摩课例后，教研活动进入研讨环节，唐老师说："结合刚才的课例，大家觉得大班幼儿开展测量活动选择什么测量工具比较适宜？"话音一落，大家争先恐后地发言。

林老师说："我觉得活动中用毛线测量很方便，因为毛线比较柔软。"

洪老师说："我认为毛线不仅能测量规则的物品，还能测量不规则的物品。"

"铅笔、小棍这样的材料也比较好，易收集，小朋友们操作起来也方便。"谢老师说。

"可是铅笔在测量'大树有多粗'时就不行了，因为它不能弯曲。"年轻教师王老师也说出了自己的想法。

"幼儿在进行测量的时候，教师应根据测量物品的不同提供多种材料，然后指导幼儿发现测量物品的特征，自主选择测量工具，比如测量大树这种圆的物体时只能用柔软的工具，测量桌子椅子这类物体的高度、宽度时各种工具都可以使用。"唐老师补充说。

大家就这样你一言、我一语地交流着，关于"测量时应投放什么样的测量工具"的问题也越说越明。

在案例中，教研活动主持人唐老师以平等、尊重、信任的态度对待每位参研教师。每位参研教师都发表了自己的看法，进行了对话交流。最后主持人提炼出投放测量工具的重要因素，有效地实现了教研活动目标。这就体现了教研活动的对话文化。本节将对教研活动对话文化的特点以及怎样让对话成为一种常态进行介绍。

一、学前教育教研活动对话文化的特点

教研活动对话文化体现了主持人与参研者之间平等交流、双向互动的状态，是一种因彼此之间敞开和接纳、倾听和包容而形成的在思想、观念、认识等方面的对接、兼容、交锋、批判和创生的深度研讨氛围。教研活动对话文化体现了专业引领者和参研者双方的相互尊重和充分互动，是思想的互启、观点的碰撞、情感的激发和智慧的提升。教研活动对话文化有利于唤醒教师的自主

深度思考意识，促使教师提高研究能力。教研活动对话文化具有以下特点。

（一）自发性

 案例

在一次关于"中班音乐游戏开展"的教研活动中，参研人员首先观摩了王老师组织的"森林舞会"活动。王老师班上的孩子非常活跃，但倾听习惯不太好，怎么办？王老师首先上网查阅了培养幼儿音乐倾听能力的文献，梳理出一些有效的策略；然后主动向年级组老教师请教一些好做法。在与文献对话、与同伴对话后，王老师选择使用符合中班幼儿年龄特点的角色扮演的方式来开展活动。她设计了"森林里的小动物邀请小朋友去参加森林舞会"的情境，引导幼儿通过角色扮演的方式感知欣赏乐曲；用小鸟和大象的图示引导幼儿感知理解鼓声的强弱变化，并创编小鸟和大象的各种动作。参研人员在观摩王老师组织的活动后一致认为幼儿参与度高，目标达成度高。

王老师在发现自己班级幼儿的问题后，为了保证活动的实施效果，先主动与已有相关文献进行深层次的理论对话，然后主动向有经验的教师请教。王老师这种"为完成教研任务而主动与文献对话、与同伴对话"的行为就体现了对话文化的自发性。教研活动的对话文化氛围形成后，参研者自发地通过专业对话解决问题便成了固有的行为习惯，这能够有效地促进教师专业能力的提升。

（二）开放性

 案例

在"音乐游戏中如何培养幼儿的音乐倾听能力"的教研活动中，王老师按照自己设计的活动方案实施后，主持人唐老师组织了现场研讨，她抛出一系列问题："什么是音乐倾听？""音乐游戏中教师可以采取哪些方法来培养幼儿的倾听能力？""幼儿的倾听行为有哪些表现？"

陈老师："音乐倾听不是一种随意的听，教师应该让幼儿知道听什么、怎么听。"

洪老师："创设良好的倾听环境是培养幼儿倾听能力的重要方法，良好的倾听环境应该包含物质环境和心理环境两方面。我在平时的音乐活动中就试着给幼儿布置一个安静的、宽松的环境，让幼儿静下心来。另外，在活动前我还会让幼儿一起整理活动室，将所有课桌都移到走廊，尽量腾出较大的活动空间。活动时关上门，防止外来干扰，并给每个幼儿提供一个小坐垫，让他们有自己的空间。"

杜老师："刚才老师们都谈论了如何引导幼儿倾听，但我认为只有倾听前的指导还不够。由于幼儿的年龄特点和个性不同，而倾听又是一种个人化的行为表现，因而倾听后表达方式的指导更为重要。"

陈老师："我不这样认为，《幼儿园教育指导纲要（试行）》指出艺术教育重在过程，如果对表达方式指导过多，会不会走回'重结果、轻过程'的老路？"

随后，大家针对这个问题展开了激烈的讨论和对话……

针对唐老师抛出的一系列问题，洪老师、杜老师和陈老师都结合实践经验分享了自己的看法，这就是对话文化开放性的体现。教研活动中的对话往往出现在寻找解决实际问题的方法的过程中，所以不应该以参研教师接受既有的结论为目的，而应该是一个对话者们通过对话共同探索真理、更新知识的过程。在教研活动中，参与对话的人要知道：没有绝对的真理，只有对话和共识。在教研活动中，人人都要用包容、开放的态度去倾听、思考和吸收。大家要明确对话的过程就是使对话对象和对话者同时敞开心扉的过程。

（三）民主性

 案例

音乐欣赏活动"森林舞会"的课例研讨对话越来越激烈，关于对音乐感受的表达方式，老师们各抒己见。

王老师："有时候听着听着，幼儿就不自觉地做不同的动作。"

洪老师："对的，倾听是为了理解，理解了就会表达，所以表达是一个自然而然的过程。"

杜老师："确实，表达是倾听理解的必然结果。人们都说孩子有一百种语言，那对表达方式的指导应该尊重孩子的差异性，不应千篇一律。"

……

最后，参加此次研讨的教研员徐老师说："对幼儿富有个性和创造性的表达给予支持，会促进幼儿倾听能力的进一步发展。倾听音乐的目的首先是让幼儿喜欢音乐，然后是逐渐让他们理解音乐，最后是培养他们具有良好的艺术趣味和鉴赏能力。刚才老师们谈得比较全面，我们可以归纳出有关的策略：保持自然和安静是幼儿'静听'的环境准备；适宜的声响资料是幼儿'爱听'的必备条件；欣赏性的指导方法是幼儿'乐听'的关键，包括引导幼儿闭眼听、联系生活听、听后表达，等等。"

专家的话又引发了参研者激烈的讨论……

思想之火在平等、民主的对话氛围中才能熊熊燃烧。在上述案例中，不管是专家学者、骨干教师，还是青年教师，都可以在民主的教研氛围中，拥有充分的话语权，自由表达自己的真实想法。不论是用批判、审视的眼光切磋问题，还是反思得失，提炼先进理念，或是剖析原因，所有参研者的发言和质疑精神都应受到尊重和鼓励，这是对话文化民主性的体现。

（四）包容性

 案例

王老师在经历了与同伴对话、与专家对话，并吸收了同伴、专家的建议后，又进行了第二次音乐活动"森林舞会"的设计，这次活动运用了上次教研活动提炼的"静听"的环境策略，引导幼儿进入静谧的森林情境中。轻快的音乐声一响起，幼儿就迅速被吸引，神情专注地倾听着音乐，有的幼儿甚至侧耳倾听。音乐声停止了，幼儿纷纷举手，都急着想把自己的想法和老师、同伴分享。在引导幼儿对音乐的探索表现中，王老师也采用了包容性的方式，对幼儿创造的动作给予积极的支持和引导，并以"合作探究者"的角色进一步丰富完善幼儿的动作，让他们主动吸收和积累。有了前面的铺垫，在合作游戏环节，幼儿的积极性很高，还合作创编了一些有趣的游戏情节：大象给蝴蝶、小鸟喷水洗澡，蜂蜜高兴地跳起"8"字舞……

幼儿富有想象力和创意的动作创编及游戏情节的丰富彰显了本次活动的良好效果。这种效果是基于王老师对教研活动中不同教师的观点的吸收和融合达成的，这是对话文化包容性的体现。教研活动中对话的本质就是不同对话主体的观点融合的过程。在这样的对话过程中，参与者通过交换对同一问题的看法，产生思维的碰撞，让自己已有的认知与同伴的认知发生联系，从而激发自己认知上的更新，寻找解决问题的新思路，所以对话文化的包容性对每一个参研者而言，都是一个"对话—反思—实践—再对话—再反思"的过程，这使得"一个人的智慧成了多人的智慧""集体的智慧丰盈了个人的智慧"，每个人的研究能力便在包容、吸纳中得以提高。

二、让学前教育教研活动中的对话成为常态

 案例

又到了教研活动研讨时刻：王老师参与积极性较高，勇于表达自己的观点；辛老师十分谨慎，听得多说得少，没有把握不开口；洪老师一人滔滔不

绝，"控制"了研讨活动的话语权；代老师基本全程沉默……

仔细分析发现：洪老师是市级骨干教师，在研讨中承担了绝大部分的输出任务，其他教师则抱着认真学习、努力汲取的态度；也有的教师害怕自己说错话，比如代老师，她觉得自己学历低，担心自己说得不够专业，说不出什么名堂，所以只听不说。渐渐地，教研组内产生了权威，出现了骨干教师、经验丰富教师一言堂的现象，其他教师则成了"老听众"，逐渐被边缘化。

教研组成员存在着各方面的差异，既有专业经验的差异，也有个性态度的差异。那如何在教研组内，营造平等、积极的对话氛围呢？

(一)养成对话人格品质

教研活动的对话文化需要教师之间真诚合作、知无不言、言无不尽的坦诚，也需要淡化权威、畅所欲言的和谐，更需要尊重他人、取长补短的氛围。在这样的氛围中，对话双方不但各自陈述自己的观点和见解，而且互相倾听和诉说，在对话中，实现精神的交流，收获分享的快乐，为此参研教师首先要具备对话人格品质。对话人格品质是相对于权威人格品质、封闭人格品质以及自卑人格品质而言的。具备对话人格品质的人会承认我们永远无法抵达终极真理而始终是在追寻和探索真理的途中，这样的人能清醒地认识到自己的局限，随时可能接受新的信息和观点，并承认错误和修正自己的既有观点和看法，哪怕这些观点和看法曾经是自己所珍视的，随时准备接受批评和挑战。[①]

(二)做好对话准备

 案例

如何让沉默的代老师敢说、会说？教研组长唐老师在教研活动中采用了一些妙招。妙招一：研讨主题大家定。每次确定教研主题前，唐老师都会对老师们进行访谈，了解大家在保教实践中遇到的具有共性的真问题。妙招二：研讨主题提前知。唐老师会提前一周将教研主题发布在教师办公室的问题留言板上，让老师们提前了解。妙招三：相关理论提前学。为了让大家在教研活动中都有话可说，唐老师每次都会提前将相关的案例和理论知识通过工作群发送给大家，让大家提前了解和思考。妙招四：刻意屏蔽。针对权威或者骨干教师，在教研活动前暗示他们耐心倾听同伴交流，或指定由他们承担活动的归纳、总结任务，帮助大家提升经验。妙招五：开展教研活动主持人轮值，轮流邀请参

① 朱福荣名师工作室组：《一线教师说教研》，27～28 页，重庆，西南师范大学出版社，2015。

研者担任教研活动主持人。

为了让参研者都能无所顾忌地发表自己的观点和看法，案例中的唐老师采用了一系列的方法。这些方法主要可以概括为以下几点。

1. 预设适切的问题和活动方式

在教研活动开始前，唐老师会精心挑选所要讨论的问题，这个问题是教师在实践中遇到的真问题，是参研者在实际工作中尚不能解决的疑难问题，同时该问题还必须能激发参研者在已有经验上的认知冲突，并符合其实际经验水平，有利于摄取重组经验解决问题。同时，她从教研活动方式的设计到活动时的氛围营造都充分地尊重每一位参研者的教育教学现实和主体意识，这有利于促进对话的深入开展。

2. 激发参研者积极的参研状态

唐老师认为参研者提前做准备就有话可谈，就能够积极主动地投入教研活动中。唐老师先抛出研讨问题，如在教师办公室中，设立一面教研思考题的留言板，将每次教研活动的主题提前张贴于此，方便老师们随时互动。活动前唐老师还会因人施策预约"发言人"，针对经验缺乏、表达不自信、个性较内向的代老师，在活动前与她简单交流，帮助其梳理想法，活动中就较好发言。

3. 丰富参研者的经验水平、理论储备

教师如果对所研讨的问题缺少必要的经验，没有相关的理论储备，那么在教研过程中就难以发出自己的声音，教研就难以产生实质性的对话。每次活动前唐老师都会在教研群里推荐与活动主题相关的理论文章或著作，同时分层提出学习要求，以此为顺利进行对话奠定基础。

4. 精心组建分层教研组

教研组成员的构成对教研对话文化的形成有很大的影响。参研者经验水平的差异，是对话教研的基础，没有差异，就难以产生真正的对话，但是差异太大，也难以产生有效的对话。因此，在案例中唐老师根据教研主题采用同质分组或异质分组的方法，即按组内教师的专业背景以及发展需求临时分组，如让成熟、经验型教师组成一个小组，青年教师组成另一个小组，或者针对话题，把对相关话题有类似想法和体会的教师分为一组，成员之间就易产生对话。

（三）明确对话规则

鉴于教研活动中对话的民主性，对话者需遵守一定的规则。对话参与者需要明确：对话双方只可以针对专业问题提出疑问，不得对对方的人格、资格等进行质疑，做到"对事不对人"；不应随意打断对方的陈述和限制对方发言；当双方的意见发生分歧时，不能进行人身攻击，职位或资历较高者不能强迫对方接受自己的观点。

（四）形成对话的技巧

在教研活动的对话过程中，参研者从无疑到有疑再到无疑，从无语到想说再到能说，不断碰撞出智慧火花。主持人的对话技巧显得尤为重要，其策略主要有以下几点。

1. 营造和谐人际关系的技巧

在主题为"区角活动中如何解读与支持幼儿的个体建构"的教研活动中，唐老师首先布置了方形的座谈会的会场，然后在一段欢快的律动后引出了研讨主题：老师们都知道，幼儿各种能力的培养贯穿于一日生活之中，区角活动作为幼儿学习生活中举足轻重的环节，是培养幼儿能力的有效途径。最近一阶段，我们在这方面做了一定的探索，今天来研讨在区角活动中教师如何解读与支持幼儿的个体建构的问题。在开始研讨之前，有一个小小的温馨提示，教研活动以分享交流为主，大家的发言没有对错之分，只要是经过认真思考的观点，都是值得我们尊重的。

和谐的人际关系是塑造对话文化的重要因素。在案例中，唐老师通过会场布置、热身律动等方式，尽量营造和谐的人际氛围，帮助参研教师放松心态；同时以"温馨提示"的形式鼓励大家静心聆听，积极互动，张扬对话研讨之风，创造让每位教师在教研中发出声音的机会。

2. 引领对话的技巧

教研活动主持人是教研文化形成的核心人物，其态度和引领对话的能力直接影响教研对话效果。

（1）高效聚焦对话主题

张老师：不久前我带孩子们参观了附近社区，一些标志性建筑物引起了孩子们极大的兴趣。回到幼儿园后，一些孩子兴致勃勃地造起房子来，阳阳是其中最积极的一个，每次活动区活动他都会选择建构区。两个月过去了，他完成了不少作品，（展示图片）这是他搭建的轻轨、花坛、电信大楼、百货大楼，非常棒，孩子们都很佩服他，称他为"金牌工程师"，阳阳干劲更足了，还准备搭建更多东西。我在赞赏、支持他的同时，也产生了这样的想法：班里除了建构区活动外，还有许多游戏内容，而且阳阳在建构中也不喜欢和小朋友交往，因为别人的作品他都看不上，是否应该鼓励阳阳参加其他的区角活动？

唐老师：张老师给我们带来了一个比较典型的案例，我觉得应该关注到这样几个交织在一起的矛盾点：阳阳特别喜欢建构区活动，持续时间已经两个月了；构建出很棒的作品，还有很多想法；不愿和别人交往，因为别人的作品他都看不上。各位老师，如果你在工作中遇见这样的情景，你会怎么做？是支持等待他继续在建构区创造呢？还是逐步引导他参与其他区域活动呢？为什么？请各位老师谈谈自己的看法。

在本案例中，在张老师描述完她的困惑后，主持人唐老师快速地梳理出问题点，并直接抛出问题：如果你遇到这类小朋友，是等待还是引导？这就让参研教师接下来的对话主题更聚焦。

在教研活动的对话过程中，主持人要确保参研者以问题为焦点展开对话，保持对话的延续性；同时也要重视捕捉对话过程中随机生发的各种问题，完成话题的转换，使对话得以延展深入。主持人可以在彼此陈述的具体内容中发现问题，也可以从参研者的原因阐释和解答话语中发现问题，或者直接提出自己觉得需要研讨的问题。

（2）灵活运用对话方式

 案例

梁老师："《幼儿园教育指导纲要（试行）》指出尊重幼儿的选择、尊重幼儿的兴趣。我觉得应该等待，让幼儿在自己喜欢的领域里尽情地发挥。"

李老师："我觉得阳阳虽然对建构非常有兴趣，有坚持性，但发展太单一，这样对幼儿的将来是很不利的。"

肖老师："尊重幼儿的兴趣，在幼儿对建构还未尽兴时把幼儿'请'出来，可能会引起幼儿的不良情感体验，因此，我觉得要尊重幼儿的选择，使他的能力充分发挥。我认为应该等，但绝不是静态地等，应该在等待的过程中，不断地捕捉教育契机，给幼儿及时的帮助和支持。"

谢老师："是的，应该尊重幼儿，可这个幼儿选择建构区都两个月了，长期下去，幼儿会不会更加孤芳自赏，更加缺少社会行为？我觉得应该引导幼儿走出这个区域，发展多方面的兴趣。"

陈老师："幼儿肯定还没有把他的想法都表达出来，尊重幼儿，让幼儿继续输出。我觉得我们不能孤立地来看阳阳在建构区里的活动状态，而应考虑更广泛的生活背景。如果阳阳平时与同伴有正常的交往，个性也乐观，我认为不一定要'引'。'引'与'不引'应更多考虑幼儿的发展现状。"

唐老师:"老师们讨论得非常激烈,每个人都有自己的看法,现在我请老师们自由选择座位,表明自己的观点,请选择'等'的老师坐这边,请选择'引'的老师坐那边。请大家分组讨论,并在记录纸上写出你们的理由,并推荐一名代表上台来阐述。"

在本案例中,针对"等"还是"引"的问题,主持人唐老师先采用了自由对话的形式,让参研教师充分表达自己的看法;然后采取分组对话的形式让观点一致的教师一起深入讨论,使得每组的论点更加清晰,论据更加充分。

其实在教研活动中,对话的方式多种多样,主持人要根据不同的研讨主题、参研人员的个性特点及专业水平灵活选用不同的方法。如开门见山式:直面主题,直至问题症结;曲径通幽式:对于教师觉得敏感的、不愿直面甚至不愿谈及的话题,采用迂回术;故作糊涂式:主持人故作糊涂,教师会急于解释,从而将隐藏于内心的真实想法暴露出来,主持人再辅之以比较归类,使教师幡然醒悟;环环逼近式:如采取苏格拉底的"产婆术"缓缓追问,逐层反驳,至其自相矛盾、无以应对时便入佳境。

(3)适时调控对话方向

 案例

唐老师:"大家的观点都非常鲜明。因为每个教师的教育背景不同,经历的教育实践不同,面对的幼儿情况不同,所以对同一个教育情境的理解也有所不同。刚刚老师们结合自己的理解陈述了自己的理由,说得都很在理。其实今天我们讨论这个主题并不是单纯地要选择'等'或者'引',而是要通过对这个案例的分析表达我们对幼儿的尊重、对幼儿发展的关注。大家的发言表明,我们已经初步具备了这样的视角和认识,在这个基础上,提出'引'的老师建议灵活地'引',提出'等'的老师主张积极地'等'。那么什么是灵活地'引',什么是积极地'等'?希望大家出一些金点子,在具体做法上给予一定的启示。"

在教研活动中,随着对话过程的推进,参研者的讨论可能随时会升级到一个新的高度,这时候就需要像唐老师这样适时调控对话方向,让对话变得更加专业、深刻。或者有时参研者在对话的过程中会不经意地发生跑题现象,主持人也需要及时把话题引回中心话题,然后深入推进对话。

（4）巧妙推进对话进程

案例

唐老师："刚才听了大家的发言发现：由于大家遵循的《幼儿园教育指导纲要（试行）》精神是相同的，所以选择'等'和'引'的观点有着一致性，即什么时候介入，什么时候不介入，要等待多久，如何介入，等等。选择'等'的老师，积极地指导弥补着全面发展的弱势，选择'引'的老师，用灵活的策略保障尊重幼儿的兴趣，体现了'等'中有'引'、'引'中有'等'，教师真正成为幼儿活动的支持者、合作者、引导者。虽然今天我们没有提出一个现成的教育策略，但我们相信，这种详尽的诊断和分析过程，让我们在处理特定情境中的类似问题时已经心中有数。老师们可以在实践中去操作、反思，一定能寻找到更适合阳阳进一步发展的策略。我们下次活动的主题是：教师介入幼儿游戏的支持性策略。请教师们注意收集、整理素材，做好发言准备。"

在教研活动的对话进程中，主持人要灵活地控制讨论方向与讨论节奏，使讨论围绕中心，重点突出；同时还要善于提炼讨论要点，概括讨论意见，提取解决问题的规律与经验，用质疑与批判、点拨与补充、肯定与鼓励的对话，不断迁移、推进对话进程；还要善于抓住随机生发的问题进行价值判断。那些具有讨论价值的问题要么在本次中心话题谈论完后及时被讨论，要么成为下次对话的中心话题。

第二节　学前教育教研活动的反思文化

案例

周五下午是小班年级组的科学教研活动，王老师带来了小班科学活动"认识橘子"。王老师在活动开始前进行了充分的准备，向相关专家了解了橘子的结构及相应的专业术语。活动中在幼儿观察的基础上，王老师通过环节小结给幼儿传递了橘子的"外果皮""中果皮""内果皮""瓤囊"等概念。这些专业术语不仅对幼儿来说很专业，很多参加教研观摩的老师也是第一次听说。大家纷纷对王老师的科学严谨性点赞。此时主持人唐老师抛出了问题：科学活动中我们是否要向小班幼儿传递深奥的专业术语？科学素养应包括哪些？参研教师们顿了片刻，又陷入沉思。

在案例中，唐老师的及时发问其实就是反思。反思是一种自我对话，是一种自省、思考、探索和评价。本节将对教研活动中需要反思文化的原因、反思文化的特点和让反思成为教研活动行为的策略进行介绍。

一、学前教育教研活动中需要反思文化的原因

教研活动中的反思文化是指在教研活动中，参研者结合教研活动主题，把自己或他人的保教活动作为研究对象，对自己的保教观念、方法、效果不断地进行审视、深思、评价，进而提高自身的专业素养。朱家雄认为，教研活动中的反思"要求教师以自己面临的教育、教学情境为本位，通过理论与实践之间的来回追溯，对自己所做出的行为、决策以及由此所产生的结果进行审视和分析，从而提高自己的自我觉察水平和监控能力"。①

那教研活动为什么要有反思文化呢？反思对教师的成长有何意义？美国教育家杜威认为，反思使我们对经验进行批判性的、多种的、公开的考察，即将我们的经验与他人的经验联系起来，构建一种过去、现在和未来的经验都联系起来的经验网络。他还认为反思具有回归性。反思一旦完成，就会用于指导实践，同时这种经过反思的新的经验又成为我们反思的对象。② 通过反思、研究，教师不断更新保教观念，改善保教行为，提升保教水平；同时形成自己对保教现象、保教问题的独立思考和创造性见解，使自己真正成为保教研究的主人，提高保教工作的自主性和目的性，克服被动性和盲目性。

二、学前教育教研活动中反思文化的特点

根据教研活动主题的不同，参研者会针对自己的保教理念、保教行为和保教效果进行不同形式的反思。教研活动中的反思一般具有以下几个特点。

（一）自主性

案例

刘老师是幼儿园的新教师，本学期她参加了幼儿园的科学教研组。在针对新教师的教研活动中，她主动提供观摩课例。第一次要观摩的课例是"认识小兔子"，观摩活动结束后，刘老师写下面几段话：

1. 导入活动时的猜谜语，小朋友们很喜欢，在他们闭上眼睛老师请出小白兔的时候，他们觉得好神秘，发现自己猜对后很有成就感，猜谜语能激发幼

---

① 朱家雄：《走向基于行动的园本教研》，上海学前教育网，2009-04-01。
② ［美］约翰·杜威：《我们怎样思维：经验与教育》，姜文闵译，北京，人民教育出版社，1991。

儿的兴趣。

2. 自由观察的时候，有些小朋友在看，有些小朋友在摸，还有些小朋友总想试着用胡萝卜喂一喂小兔子。每个小朋友都在用自己喜欢的方式和小兔子互动，很投入和专注，但全班只有一只兔子，小朋友们你推我挤，多提供2～3只兔子就好了。

3. 自由观察结束后，我试着请小朋友们用好听的词语说说自己的发现，有些小朋友说小白兔的毛像雪花一样白，有的说像妈妈的头发一样滑……和我预想中的词语不太一样，很生活化。

案例中的刘老师是在针对自己的教学行为进行及时主动的反思。从导入环节中小朋友们的表现，自由观察环节中材料准备上的缺失，以及自由观察结束后小朋友们互动回应的语言等方面进行思考。这些思考都是自主对话的具体体现，也是自我经验的主动构建。

（二）批判性

 案例

针对新教师的科学领域教研活动又开始了，刘老师这次组织了小班科学观摩活动"小鸡和小鸭"，活动结束后还没等大家开始研讨，刘老师就开始了自我反思："目标的达成度不是很高。因为活动难点是观察小鸡和小鸭的不同，所以在整个观察过程中，我重点引导幼儿观察了小鸡、小鸭的嘴巴、脚趾、叫声和走路姿势，但好像忽略了引导幼儿对小鸡和小鸭整体外部特征的观察，以及对小鸡和小鸭相同点的比较和发现。"

刘老师的自我反思内容是理想与实践之间的对话，是理想自我与现实自我的沟通，所以它具有批判性，即用批判的眼光反思自己的保教活动。

（三）创造性

 案例

在教研活动的课例观摩环节，祝老师组织了科学活动"认识橘子"，可是活动中出现了一个小状况：当祝老师引导幼儿观察橘子皮的时候，有些幼儿在说橘子的味道；当祝老师引导幼儿数橘子瓣的时候，有些幼儿又在说橘子的形状……活动结束后，祝老师提出了"活动过程中该怎么处理有序观察和随机发现两者之间的关系"问题。针对此问题教研活动主持人唐老师组织大家进行开放式讨论，王老师觉得在观察活动中，教师可引导幼儿按照有序的观察方法进行观察，但当幼儿提出教师预设观察顺序以外的问题或发现时，教师也应积极地给予回应，而不能强制性地要求幼儿必须严格地按照教师预设的观察顺序进行观察。

在教研活动结束后，王老师在本班又进行了一次"认识橘子"的活动，她把观察活动和图表记录结合起来进行。当幼儿有意外发现的时候，王老师就用图片或符号在图表的相应位置进行记录，最后小结的时候，又结合图表按照特定的观察顺序，帮助幼儿梳理观察结果。这样一来不仅解决了有序观察和随机发现的问题，还帮助幼儿积累了观察记录的前期经验。

在科学活动的观察中，按照观察对象的特点，我们一般采用从外到内、从上到下、从下到上、从整体到局部等观察方法，但在实际观察过程中，幼儿的思维比较跳跃。由于观察点不同，有人会对细节比较敏感，有人则对大的整体或轮廓比较敏感，所以经常会出现"想到哪里说哪里"，或是"看到哪里说哪里"的情况。王老师针对教研活动中"有序观察"和"随机发现"的问题进行了深入思考和分析，在此基础上创造性地运用图表记录的方式既解决了观察内容的问题，又不局限在观察顺序上，更加有效地找到了解决问题的办法，这是反思成效的具体体现。

（四）发展性

教师在保教实践中的自我反思，即批判地考察自我的行为表现及行为依据，通过观察、回顾、诊断、自我监控等方式，或给予肯定、支持与强化，或给予否定、思索与修正，努力提升保教活动的合理性，提高保教活动效果。自我反思有助于教师积累专业经验，只有经过反思，使原始的经验不断地处于被审视、被修正、被强化、被否定等思维加工中，去粗存精，去伪存真，才能使经验得到提炼和升华。

三、让反思成为自觉的学前教育教研活动行为的策略

在教研活动中，老师们有时候会像王老师一样，主动反思自己组织的活动中幼儿的表现和收到的效果，有时候会在主持人的引导下展开对教育理念的反思。这样的反思往往显得比较随意，不够深入，不够全面。怎样能够更好地通过反思提高教师的专业能力？这就要求我们利用一定的策略形成稳定的教研活动反思文化。

（一）形成团队愿景和个体自主发展的意识

又到制订学期教研计划的时间了，为了让计划具有针对性、实效性，教研组长唐老师让教师们反思自己保教工作中的困惑，大多数教师谈到：音乐活动中的韵律活动选材创编难度大，组织方法要求高，大家都怕组织这样的活动。于是唐老师设计了"韵律活动组织策略"的专题研究计划，希望通过教研活动帮助教师们解决实际工作中遇到的这一共性问题。因为大家目标一致，所以在每一次的教研活动中，大家都认真思考做得好和不好的地方，并积极思考下一步的调整方向。

教研活动反思文化的形成需要在教研活动中形成团队愿景和个体自主发展的意识，通俗地讲，就是整个教研组要有想要实现的共同的教研活动目标。每个参研人员都要有不断发展自我的内部需求，而具体到操作层面，就是每次教研活动都要有问题的牵引。教研活动前，主持人在预设教研主题时，可以提前进行访谈和调查，根据教师们工作中普遍遇到的急需解决的共性问题来确定教研活动的主题，这样整个教研活动就会有共同的目标，参研教师也会有自主的发展意识，由此引发参研教师的自觉反思，有效实现教研目的。

（二）营造人人反思的研究氛围

 案例

在"韵律活动组织策略"的第一次教研活动中，教师们通过自学、集体交流等形式明晰了韵律活动的相关知识。在第二次教研活动中，教师们开始分组讨论、选择韵律活动音乐素材。受上海残奥会开幕式上太极节目的启发，大家尝试把我国传统民族文化（太极）融合到韵律活动方案中，突出民族性、传承性。教师们把中国传统名曲《春江花月夜》选段进行了加工和改良，采用了 ABCA 的音乐结构，在保留古典旋律的同时注入了现代音乐的元素，使之动静结合。

但是在后面集体舞的动作创编过程中，大家始终没有太多想法，一直到活动结束，都没能创编出适合幼儿的太极集体舞。于是教师们开始进行集体反思，最终发现主要原因是教师们没有明晰太极的核心动作要领。于是大家决定，教研活动结束后每位教师都要通过多种途径了解太极的动作特点。

于是在第三次教研活动中，教师们对各自所了解的太极相关要素进行了分享和交流。李老师表演起了从爱打太极拳的奶奶那里学来的一招一式；刘老师把自己从体育老师那里学会的陈氏二十四式太极拳给大家演示；宋园长把上网查阅的大量关于太极的知识与大家分享。经过智慧的碰撞，大家很快创编出一个融合太极元素的幼儿集体舞。然后教师们又共同设计了教学活动方案，结合儿歌《大西瓜》，设置与幼儿生活经验接近的"西瓜生长—搬运西瓜—清洗西瓜—分享西瓜"的情境，引导幼儿学习太极动作。

在教研活动中，对参研者来说，同伴的影响是巨大的。在案例中，当遇到无法突破的瓶颈时，教师们开始进行集体反思。教师群体的自我反思带动了教师个体的自我反思，由此逐渐形成人人反思的教研反思文化氛围。教师群体自我反思可采用的方法有：通过信息交流，大家分享某些新经验与新思想；在相互观摩中触动集体的思考；集体叙事，通过谈论保育教育事件，唤起每个人的追忆、联想与自我叩问。

（三）多形式提高参研者反思能力

在教研活动中，参研者的反思具有极大的灵活性和变通性。个体由于经验不同，思维习惯不同，关注的侧重点不同，所采用的反思方法也会不同，但反思的效果有时不尽如人意，这就需要幼儿园借助教研活动多形式地提高教师的反思能力。

1. 连环跟进反思法

集体舞《大西瓜》的第一次活动，开始部分老师先请幼儿闭上眼睛，倾听音乐，并说出感受；紧接着运用儿歌《大西瓜》引导幼儿探究太极主体动作；然后提取幼儿探究的个别动作，进行完整示范，幼儿跟做并感受旋律合拍动作。在完整动作的基础上引入情境"西瓜生长—搬运西瓜—清洗西瓜—切西瓜—分西瓜—吃西瓜—变成西瓜子"，加入集体舞的方阵舞队列变化，学习完整地跳集体舞。活动结束后老师们针对活动提出了问题。

李老师："教师在使用儿歌作为集体舞中动作支架的辅助方式时，更多关注的是儿歌这一幼儿学习的形式，以致幼儿对太极集体舞动作的理解和掌握只停留在会做几个'动作'而已。"

刘老师："在队形的设计上，教师为了让幼儿能两两合作做推手动作，达到集体舞的同伴合作交流这一目标，使用了方阵舞蹈的队列，而忽视了太极的核心元素'圆—和谐'。"

黄老师："在音乐的结构处理上，虽然教师将原长约 6 分钟、段落复杂的音乐编辑为约 2 分钟的 ABCA 结构，但是仍有一些问题，如 C 段的萨克斯吹奏很有动感。这样充满现代舞蹈元素的音乐明显与本次太极集体舞的动作特点不匹配，因此 C 段音乐不适宜本次的教学。"

根据大家的思考，教师们调整了活动设计：提前让幼儿感知儿歌《大西瓜》，并提供太极短片让幼儿欣赏，为幼儿的学习搭建脚手架。在太极集体舞动作的确定上，只选择"起势—野马分鬃—如封似闭—闪通臂—十字手—收势"

这六个基本动作。这六个动作对幼儿的发展既有适宜性，又具有一定的挑战性。舞蹈队形设计从之前的方阵舞调整为单、双圈集体舞，体现太极"以圆贯穿始终"的思想。在音乐处理上编辑了宁静优美的 A 段加上流动舒畅的 B 段，从之前的 ABCA 结构调整为 ABA 结构，让整个音乐能充分体现太极动作舒缓流畅的特点。

调整后的第二次试教，课前幼儿熟悉了《大西瓜》的儿歌，丰富了前期经验。活动还是以"西瓜生长—搬运西瓜—清洗西瓜—切西瓜—分西瓜—吃西瓜—变成西瓜子"为线索贯穿整个教学活动。通过让幼儿欣赏一段配有音乐的太极拳视频片段，帮助幼儿理解音乐与动作之间的关系。视频片段的欣赏，让幼儿初步了解了太极拳的名称和动作特点，进一步感知了太极拳动作舒缓流畅的特点。由于幼儿提前熟悉了儿歌《大西瓜》，所以对儿歌节奏与太极拳动作的融合自然习得。

连环跟进式的教研反思方法，是以问题为切入口，以案例研究为手段，在同一专题研究中，连续组织同一内容的活动。每次活动都在原有基础上进行深入的观察、比较、分析，并提出意见进行调整，通过这样一个反复循环的过程来提高教师的教学能力。

连环跟进反思法强调的是理论和实践的螺旋式上升，即教师经历由理论到实践的转化—再次进行实践验证—由实践到理论的提升的过程。整个过程体现了"知行合一"的认知方式，是实践与理论相结合的一种可操作化的途径。连环跟进反思法是教师不断地进行理论修正和重新学习的过程，也是教师利用建构性反思所形成的思考和想法指导自身实践的过程。

2. 主题式的深度反思

 案例

区域活动里的"配角"

区域活动以极大的自由和自主赢得孩子们的喜欢，然而不同的孩子在区域活动中有着极为不同的表现。有的孩子计划性非常强，清楚地知道自己想要玩什么；也有个别孩子不知道自己到底该干什么，在区域活动中"游离"在活动之外，对于年轻教师来说，如何让"游离"的孩子积极地参与到区域活动中，就成了一个亟待解决的问题，于是，一次以"区域活动里的'配角'"为主题的教研活动便诞生了。

观察记录：

区域活动开始了，孩子们都在忙着制订活动计划。桐桐却东瞧瞧西瞧瞧，

迟迟不肯下笔。当同组的小朋友只剩下两个时，桐桐看了一眼旁边清清的计划表，然后在自己的计划表上也画了一座房子，就尾随着清清走进了建构区。

到了建构区，孩子们有的在画设计图，有的在忙着运送材料，桐桐翘起双脚，坐在地上扭来扭去，无所事事。过了一会儿，桐桐看到大家都忙碌了起来，也开始在建构区里走来走去，似乎在寻找着什么，又似乎在观察着什么。"舟舟，让桐桐和你们一起搭立交桥吧。"旁边的老师说。"我才不要，她像个惹事包一样，老是把我们的作品碰倒！"听了舟舟的话，桐桐轻轻地说了声"对不起"，然后不好意思地离开了，继续在"未来地球村"里走来走去，偶尔会把地上同伴不用的玩具捡进篮子里。

"老师，老师，你快来，怎么办呢？"听到清清的求救声，大家快速地围了过来，仔细一看，原来是清清在盖顶时一根长条形积木掉进了圆房子里。只见她拿了两根更长的积木，试图将那根掉进去的长条形积木夹出来，可是尝试了很多次都失败了，每次快夹出来的时候都会再次掉下去。"两个小朋友可不可以合作一下呢？"教师的话音刚落，就看到桐桐果断地伸出手将清清夹到圆房子中间的长条形积木拿了出来。"出来了！出来了！"孩子们兴奋地叫了起来。"这次多亏了桐桐，她及时地把清清夹到一半的积木拿了出来，不然积木又要掉进去了，她们两个合作得真好！"听了老师的表扬，孩子们都将赞许的眼光投向了桐桐，桐桐也不好意思地低头笑了起来。

"桐桐，我需要拱形的积木，你可以帮我拿一下吗？""桐桐，你快过来，我正在搭停车场，我需要你的帮助！""桐桐，这个材料我不用了，你可以帮我放一下吗？"……伴随着同伴们的求助声，一栋栋漂亮的建筑在建构区里矗立了起来，桐桐忙碌的脚步也一直没有停。

问题分析：

观察活动结束后，老师们纷纷回到教研室。在唐老师的引导下，大家针对桐桐的表现，开始了激烈的讨论和分析。

王老师：根据本次活动对桐桐的观察，在区域活动前的计划制订环节，桐桐不能独立地制订自己的计划，看到旁边的同伴画了房子，自己也画房子，有点"随大流"的嫌疑。在协商分工环节，桐桐一直处于游离状态，任务意识薄弱，对自己需要承担任务的事实没有认知，也没有表现出积极的态度。在搭建环节，桐桐也"无所事事"，不知道要干什么。这一系列的行为都折射出了桐桐在学习主动性方面存在一些问题。

甘老师：虽然桐桐小朋友的学习主动性较差，但她的人际交往能力和社会适应却比较好。桐桐喜欢帮助同伴，当她看到散落在地上的玩具时会默默地帮同伴捡起；同时也是一个非常大度的小朋友，当同伴说她是"惹事包"会不小心把作品碰倒时，她并没有生气，也没有辩解，而是认识到自己的错误，礼貌地说了声"对不起"。这一系列的行为都反映出桐桐具有良好的人际交往能力。

形成策略：

结合桐桐的行为表现和大家对她的行为分析，大家初步断定桐桐是一个缺乏目标意识，但乐于助人的孩子，姑且将这种孩子称为"配角"，老师们纷纷表示在自己的班级也有这样的"配角"孩子存在。那么在区域活动中如何发挥"配角"的作用呢？参研教师不断反思自己的行为，分享自己的经验和教训。

刘老师：对于这样的孩子，我觉得不能给她太大的压力，不能不停地催促和提醒，这样她会更焦虑、更紧张。但是我平常就做得不好，每次看到她不知道干什么，我就觉得很着急。

李老师：对，要多给她点游离和观察的时间，当她出现主动行为时，教师要及时给予鼓励，培养信心。

教老师：也可以请一个能干的小朋友来帮助她，不管做什么事情的时候都带着她，有时候模仿也是一种学习。

经过老师们的反思和讨论，最终教研组形成了以下支持策略。

1.“游戏超市”式的支持

“游戏超市”顾名思义，是一个更开放、更自主、更随意的游戏自选区。在该区域内放置各种不同的玩具材料，游戏时幼儿可以根据自己的意愿和喜好自主选择游戏材料，自主选择游戏玩法，如果实在不知道玩什么，那么在里面发会儿呆，或是和同伴说上几句悄悄话也是一种不错的选择。这种零压力、零规则的“游戏超市”对“配角”型儿童来说，是教师提供的一种有力的环境支持，这种每天随意的玩耍或许终会成就某天不一样的玩法……

2.“避短就长”式的鼓励

面对“配角”型的孩子，教师要准确分析他的长处和短处，做到一分为二。在大多数幼儿面前，要放大“配角”型孩子的长处，在自然的状态下对其长处进行鼓励，让其他孩子意识到原来这个小朋友也是很不错的；同时要避开“配角”型孩子的短处。当其他孩子提到其缺点时，教师要采用“冷处理”的方法，自然地转移话题，避免给孩子造成负强化，形成“刻板印象”。

3.“强弱互助”式的引领

在对待“配角”型孩子时，教师要懂得发挥其他同伴的带动和推动作用，在区域活动开始前或是进行中，鼓励目标意识强的幼儿和目标意识弱的幼儿进行配对，让目标意识强的幼儿来引领目标意识弱的幼儿，发挥他们之间的互补作用。桐桐虽然不知道要干什么，但是在同伴的引导之下，她必定会参与到与同伴的合作搭建中，也必定会慢慢地模仿同伴的搭建行为，自然地习得各种搭建技能，同时当遇到困难时，也会主动地与同伴进行合作，习得各种解决问题的能力。

（此案例由西南大学实验幼儿园林燕提供）

在教研活动中，有很多问题是大家经常会遇到的共性问题，所以针对这些问题通过研讨形成一套适切的应对模式或是解决方案，就显得特别重要。在理论的指导下进行深入的思考后形成的应对模式或是解决方案往往更加科学有效，所以主题式的深度反思就显得特别重要，教研活动中可以通过"案例观察＋问题分析＋形成策略"的模式来进行。

主题式的深度反思，是结合参研教师在保教工作中遇到的共性问题，通过相关理论的学习和共同研讨，分析问题出现的原因，并结合具体的原因和大家的实践经验，提出有针对性和实效性的解决办法。主题式的深度反思能够引导教师发现共性问题背后的原因，然后通过深度反思和讨论，将日常的工作经验进行升华，成为能够有效指导实践的理论。主题式的深度反思既有问题，又有原因和对策，实现了教师理论和行为的重构，相对较为全面和深刻，更有利于教师专业能力的提升和发展。

第三节　学前教育教研活动的互助文化

团队教研活动即将开始，本次教研活动主题为"基于核心经验的社会活动设计与实施"。

王老师："我最喜欢团队互助的教研，以观摩、学习、交流的方式研讨，相互取长补短，使原本孤军作战的我走进力量巨大的团队。这次的教研活动内容是我平时最怕组织的社会领域活动。在平时的社会领域活动中，我经常是说教多，效果差。今天我希望从团队那里学到更多的实践经验。"

执教张老师："独学而无友，则孤陋而寡闻。我喜欢团队研讨，它能升华我的经验，将我有限的思想投入大家无限的思想中。"

唐老师："一个互助的教研团队，能够不断释放每个人的才能和智慧，能够让每个人深感被尊重和重视，花最少的力气走最长的专业之路，团队互助的效力是无限的。"

案例中的几位老师都针对教研活动中互助文化的作用和益处表达了自己的看法，本节将重点围绕教研活动中互助文化形成的原因、特点和价值进行介绍。

一、形成学前教育教研活动互助文化的原因

有的美国学者提出同伴互助是"以教师为主体，以研究为基础，实质在于通过教师之间的合作实现教师个体的专业发展"，是教师以一对一或小组合作的形式就保教实践中所涉及的相关问题进行研讨和分析，制定相应的措施来改进保教实践行为，促使教师在分享各自的想法中获得感悟和理解。[①]

教研活动的互助文化指在教研活动中，以"分享""互助"为核心精神，以问题为导向，形成平等、合作、安全、和谐的研究氛围，在研讨过程中不断质疑、追问、反问，分享各自的观点和见解，碰撞思想与智慧，在互惠互利的交流中不断收获专业的精彩。

 案例

唐老师上次组织了"基于核心经验的社会活动设计与实施"研讨活动后，发现老师们把"勇气"活动中"利用视频、图片引发幼儿情感共鸣和利用情境辨析实现活动目标"的方法归结为教学策略，把教学策略简单理解为方式，于是组织了一次专题学习教研活动，把参研人员分成方块组、红桃组、黑桃组、草花组，深度学习理解《教育心理学》一书中关于"策略"的含义。她提出："你们理解的'策略'内涵是什么？策略的特征有哪些？"

草花组："我们对策略的理解较单一、狭窄，将策略等同于教学方式方法，学习后我们认为策略是一整套实施方案。"

红桃组："看到学者的观点，我们感觉自己对策略的理解太浅表了，是凭借自己的感性经验去梳理。比如王老师提炼的角色移情策略的理论支撑就是'幼儿情感取向的移情发展和认知取向的移情发展'，这样更有深度。"

方块组："要根据教学活动采取适宜的策略，有的策略只能在特定领域运用。"

黑桃组："策略是有目的性的，直接指向特定问题，要做什么、要得到什么。"

草花组："我们发现策略与方式、模式是有区别的，策略是方式的上位，要有理论支撑。"

黑桃组："策略是一系列的措施，而不是单一的教学技术。"

方块组："策略要能解决教学问题。"

红桃组："策略带有很强的目的性，是为完成一定的教学任务而设计的。"

---

① 朱福荣名师工作室组：《一线教师说教研》，41页，重庆，西南师范大学出版社，2015。

以上案例是教师们在观摩一个社会领域活动"勇气"后进行的现场研讨，主题是"基于核心经验的社会活动设计与实施"，是基于社会领域活动中出现的困惑和问题而实施的团队互助式研讨活动。在案例中，参研成员积极互动，理论与实践相结合，在热烈的讨论、思维碰撞中分析问题、解决问题，最终达成一定的共识，互助文化在团队研讨中逐渐形成。在教研活动结束时，吴老师说："教研的互助一旦形成文化，就会以强烈的成就感和归属感吸引广大教师参与教研活动，教研活动就会成为教师快速成长的摇篮，也会成为幼儿园整体提升的有力推手。"

在深度的对话交流中，四个组在相互借鉴和启发的过程中共同提炼出策略最显著的特征，在互助教研活动氛围中触动思想，反思自己的课程知识和理论，并在此基础上重构了课程观念。

二、学前教育教研活动互助文化的特点

教研活动的互助文化其实就是一群人为了共同的目标而聚在一起，为探讨实践问题而直言不讳，交流碰撞，互帮互助，促进各自专业素养不断提高。表现行为多样化，有集体研讨、两两交流，师徒帮带等，但都表现出共性特征。

（一）差异性

差异能激发合作和共享，在互助教研组内，成员之间存在差异性。有的教师喜欢上公开活动课，有的教师喜欢进行理论学习和科学研究；有的教师多才多艺，富于创新，有的教师知识渊博，经验丰富……每位教师都不可能是全才，无所不能，在面临共同问题时需要根据差异进行分工合作。这种合作的需求势必会让教研组内自觉形成相互学习、取长补短、共同进步、合作共享的良好教研氛围，最终使组内的每位教师都有所发展。

教研背景：某集团园是按照要求组建的一个松散组织，牵头园主要对集团内其他幼儿园的保教质量进行帮扶和引导。通过分析集团园开展的各种活动发现，大多数幼儿园存在对课程的理解比较狭隘、对园本课程建设比较畏惧的共同问题，绝大部分幼儿园以教材为课程，忠实执行，认为自己没有能力开发和建设园本课程。为此牵头园计划用一年的时间开展"发现课程资源，共建园本课程"系列教研活动。

主持人："各位老师好，今天我们的教研主题是'寻找我园的课程资源'。我们每一所幼儿园因为所处位置不同，资源也不同，今天就先请大家来介绍一下你幼儿园周边的环境。"

A 幼儿园："我们是一所在小区里面的幼儿园，走出小区大约 300 米，就是我们区最早建造的登山健身梯，这个算不算资源呢？"

　　主持人："我们就以这个登山健身梯为资源，来一起说说可以开展一些什么活动，或者说我们可以带幼儿到这里做什么。你们之前带幼儿去过吗？"

　　A 幼儿园："我们之前带幼儿去登山，春游、秋游什么的。"

　　主持人："很好，这是我们一般都会想到或者开展的活动，那在春游、秋游的时候我们可以开展怎样的活动呢？"

　　牵头园教师甲："登山的时候幼儿可以数一数有多少梯步，开展统计活动。"

　　牵头园教师乙："登山前幼儿可以讨论登山的准备有哪些，也可以用绘画的方式来表达。"

　　B 幼儿园："我觉得还可以带幼儿写生，一定很有意思。"

　　C 幼儿园："如果是我的话，我想趁春天天气好的时候，组织一次'放风筝'的亲子活动，这个算不算课程呢？"

　　本案例中的教研活动的参研群体为该幼教联盟集团内的 21 所幼儿园，含一所牵头园（示范园）和 20 所参研园（多类型、多层次、多规模，包括一、二、三级幼儿园；公办和民办幼儿园；城市和农村幼儿园等）。不同园所的教师有着不同的教育实践背景、专业能力和思考能力。这样的差异必将引发富有意义的对话和互动，这种对话和互动能使参与者不断碰撞观点、不断思考，从而获得新的认知、经验，同时也能使园本教研文化更加多元。

（二）真诚性

 案例

　　A 幼儿园："我们是不是还可以四季都带幼儿去，引导幼儿观察、发现登山健身梯四季的变化呢？"

　　主持人："当然可以，一个登山健身梯不仅是大家的休闲健身之地，也是幼儿学习、游戏的场所，它的高高梯步是其特殊性，如果要做课程离不开其关键属性、核心景观。比如开展健康类的活动：登山；开展科学类的活动：四季健身梯，数数健身梯；开展艺术类的活动：美丽健身梯；其他还有亲子活动；等等。只是要清楚一点：对健身梯资源的开发，不是简单地把幼儿的游戏和活动地点做了改变，而是需要准确分析在这个特殊的地方，有些什么特殊的元素，可以带给幼儿哪些与幼儿园不一样的游戏方式，让幼儿获得哪些经验。"

互助教研文化倡导人人融入研究群体，在与他人对话时要坦诚，既不一味地赞美，也不一味地批评，而且不保守，愿意把自己的经验说出来。该案例中，在 A 幼儿园教师提出自己的看法后，主持人及时肯定了 A 幼儿园教师的想法，同时也明确指出了开展活动时容易进入的误区。互助教研文化就是在交流中坦诚说出他人的亮点，指出不足并提出改进的方法，并毫无保留地贡献自己的经验，从而在真诚的交流中实现共享经验、共享智慧、互助成长。

（三）开放性

L 幼儿园："我们幼儿园周边没有这些资源怎么办？我们就在一个大的小区里面，周围都是房子。"

S 幼儿园："你们幼儿园旁边有一条小河，可不可以围绕它来做呢？"

主持人："这条小河你关注过吗？"

L 幼儿园："我想想，我们之前没有关注过，不过去年夏天有一段时间总是闻到小河的臭味，到了冬天又好点。"

牵头园教师丙："我觉得这个点好，以'捍卫园溪'为主题开展课程，聚焦环保，培养幼儿对环境的保护意识。从我做起，从身边做起，把大自然变得越来越美。"

L 幼儿园："感谢丙老师的建议，我回去再和老师们商量一下，最主要的是我们要去现场看看，或许会有很多收获。"

教研活动的互助文化的重要标志就是在教研活动中人人平等，相互包容、开放。在上述案例中，关于园本课程资源的发掘问题，主持人没有过多地进行预设，而是结合每个幼儿园不同的特点，给参研教师提供开放的思考空间。这充分体现了互助文化的开放性。

互助文化的开放性主要表现在哪些方面呢？首先，主题是开放的。参与者可以对交流中捕捉到的任何感兴趣的问题展开讨论，而不是必须朝着一个已经预设好的目的前进。其次，进程是开放的。研讨是不断流动、生成、生长，逐步推进的过程，不必局限在某个时间完成，可以随着参与者的兴趣与需要一直进行下去。最后，结论是开放的。研讨不会被当作探索真理、得出正确答案的工具，没有一个预设或者已经被期待的"正解"在另一端等候。在这样的对话中，成员之间的交流是被互相理解的，而不是停留在表面的形式化的问答。

（四）共享性

案例

为了帮助集团内的园所建构自己的园本课程，牵头园设计了系列教研活动，安排见表5-1。

表5-1　××幼教联盟集团系列教研活动安排表

时间	主题	教研方式	地点
3 月	嬉游园本课程的构建与实施	案例交流	牵头园
4 月	寻找我园的课程资源	参与式研讨	某园
5 月	从资源到课程	现场研讨	各幼儿园
10 月	园本课程经验分享	案例交流	牵头园
11 月	集团课程建设研讨	现场课例研讨＋案例交流＋对话研讨	牵头园

从上述教研活动安排，我们可以发现：五次教研活动虽然是在不同的园所进行的，但都是共享性的。互助的前提是相互理解，只有在理解、尊重的基础上，才能了解相互的所能和需要。教研活动中的互助并不是在特定时间为应对某种特殊需要而进行的简单聚集。成功的互助应有包括共享的目标、信念、实践和经验集合等的共同文化。在教研活动的互助共享中，教师实现了自我发展，获得了身份认同，这种自我发展与身份认同只有浸润于共享的文化理念中才有可能实现。

总之，教研活动的互助文化是基于共同愿景和目标，共享资源，互助合作，相互弥补、相互填充、相互学习，它与其他教研文化相比，具有资源丰富、优势互补、可开阔眼界等多种好处，能有效促进教师的专业发展。

三、学前教育教研活动互助文化的价值

通过学期教育教研活动互助文化可以实现共享共长。

（一）利用差异资源形成互助机制

案例

为了帮助教师真正关注自己的教育行为给幼儿带来的影响，让教师逐步树立研究意识，唐老师组织了"走进教育叙事研究"教研活动。

唐老师首先调研教师在教育叙事研究中存在的问题：被琐碎的日常事务所

牵绊，不能静下心来对一些教育现象、教育行为进行反思；不知如何进行教育叙事研究。

第一次教研活动：唐老师将参研人员进行分组，每组中都既有骨干教师、经验型教师，又有年轻教师。教研初让教师个体通过反思初拟切入点，然后依托群体的力量，共同寻找并筛选当前可以作为教育叙事研究的内容(见表5-2)。

表5-2　××幼儿园教育叙事研究问题切入点列表

教师通过个体反思初拟切入点	群体互助确定切入点
教学方法、幼儿行为解读	运用适宜的方法提高教育活动的有效性个案研究(如行为矫正)
日常交往、生活和游戏活动	师幼互动、支持引导策略
班级常规(不爱惜图书)、进餐习惯、行为习惯(男孩爱打架)、卫生习惯	建立科学合理的班级常规，教育资源的利用(如发挥卡通人物的积极作用)
教育活动(优秀案例、生成)	影响教育活动有效性的相关因素，生成有价值的教育内容
结合实验课题，从观察中挖掘有价值的教育契机、有矛盾冲突的幼儿行为	实验研究中的观念更新、行为转变、教育契机、有矛盾冲突的幼儿行为
规则意识的形成	幼儿自主管理的实践

在该案例中，唐老师通过有意识地分组，利用教师间的专业能力差异形成互助机制，通过问题的反思、梳理、筛选，提取教育叙事研究的切入点，让大家逐渐明白教育叙事研究的切入点蕴含在幼儿园的一日活动中。

在教研活动中利用差异资源形成互助机制能促进互助文化的形成。其机制具体如下。

1. 养成信任和倾听的习惯

因为教师之间能力、经验的差异，教研时很容易出现年轻教师零存在感和骨干教师"一言堂"的现象，这非常不利于大家思想的碰撞和教研组的发展。因此教研时，不管是哪种类型的教师，都需要相互信任和真诚倾听。因为只有信任和倾听，才可以让大家在教研活动中畅所欲言，提出自己的见解，指出别人的不足和需要改进的地方，使组内各个层次的成员都能吸纳到不同的"亮点"，从而获得进步和发展。

2. 构建合作、平等的关系

在教研活动的互助中，参研者要有共同的关注点，要围绕同一问题进行信息共通和资源共享，同时还要有支持性的共享的领导者，相关的制度、物资等支持性条件。教研活动组织者通过共享与分权，把教研活动的参与者纳入一个共同的组织中，并引导参与者明确并形成共同愿景；通过各种方法、工具和组织安排，使共同体得以维持并不断向前发展。教研活动参与者在这个过程中需转变思维方式，从合作、分享、互助的角度出发，明确共同体成员内部关系的平等性。

（二）营造平等、互助的研究氛围

 案例

教研主题：如何在实践中推进？

教研活动主持人结合年轻教师在实践中遇到的问题，主动走进他们的实践，与他们平等交流，了解实施中存在的问题，并及时给予指导和帮助。以美术教育叙事研究"展开想象的翅膀"为例，具体推进表见表5-3。

表5-3 ××幼儿园教研互助推进表

教师的实践	遇到的问题	教研活动主持人跟进指导
第一次活动：有趣的树，在活动中教师出示大树与长颈鹿的图片，引导幼儿找出两幅图中相似的地方。如树干与长颈鹿的脖子，树枝与长颈鹿的鬃毛，树干上的花纹与长颈鹿身上的斑点。	幼儿创作的作品显得雷同，缺乏多样性和独特性。选取什么事物更能激发幼儿进行相似联想。	建议刘老师借助幼儿生活中熟悉的物品，引导幼儿在观察的基础上，运用联想来丰富想象。通过访谈、观察活动，了解幼儿感兴趣的事物，提取能建立相似联想的点。
第二次活动：树叶变变变。在活动中教师出示了一片黄桷树叶，引导幼儿观察其外形特征，激发幼儿联想其相似物。	幼儿联想到的事物主要是动物类和交通工具类，思维的灵活性不够。	引导幼儿多角度观察黄桷树叶，不同摆放位置可以启迪更多的想象；丰富幼儿已有经验，带领幼儿走出幼儿园，去观察了解周围的世界，并结合相关教育活动，帮助幼儿积累绘画技能。

从案例中可以看出，互助文化氛围形成后，年轻教师也会主动提出自己遇到的问题，然后主动请求教研组长进行指导和帮助，这正是平等互助氛围的体现。

营造平等互助的研究氛围，需要具备以下条件。

（1）有主动积极的研修动机

互助教研是基于共同的需求和目标，可以激发参与者的自主性和积极性。这种合作摆脱了自上而下的命令或要求，共同需求成为缔结合作协议的基本出发点。这样的合作生命力更强，效果更好。

（2）优势互补、资源共享

互助教研能够使优质资源有效放大，作为伙伴的参与者能够通过对比和合作广泛利用资源，从他处学习和受益，共同发展。

（3）需要一定的组织保障

团体合作互助性教研还要争取区域教研部门和教研员的帮助和指导。教研员的理论指导、专业引领是区域教研向纵深发展和持续发展的基础，教研员可以通过专业讲座、理论辅导、教学现场指导等形式进行专业引领。同时区域教研部门也可以发挥中介服务的作用，将一些幼儿园在园本研修中形成的经验或获取的优质资源，在区域内进行共享和推广。

参考文献

1. 埃德加·沙因. 组织文化与领导力[M]. 章凯，罗文豪，朱超威等译. 北京：中国人民大学出版社，2014.

2. 何晶. 构建课堂上的对话文化[J]. 武汉市教育科学研究院学报，2006(1).

3. 邢少颖，张淑娟. 关于幼儿园教研活动多元化的思考[J]. 学前教育研究，2005(12).

4. 张潇月，宋武. 教研对话，为我打开智慧之门——中班音乐游戏《森林舞会》教研实录[J]. 早期教育(教师版)，2007(10).

5. 朱唤民. 教研反思催生教研智慧[J]. 中国教育学刊，2012(1).

6. 姚劼宁. 以对话文化行动理论反观中国教育[J]. 中国集体经济，2010(24).

7. 李其英. 营造"对话"文化[J]. 基础教育，2007(4).

8. 曹玉兰. 幼儿园教研活动的"三问三答"[N]. 中国教育报，2016-11-27.

9. 张晓红，闫双玲. 幼儿园吸引家长参与教研的意义与模式[J]. 学前教育研究，2009(9).

10. 潘红红. 幼儿园园本教研共同体建构研究[D]. 重庆：西南大学，2013.

11. 朱福荣名师工作室组. 一线教师说教研[M]. 重庆：西南师范大学出版社，2015.

12. 张潇月，宋武. 殊途同归 别样精彩——"同课异构"比较式研究课例[J]. 早教教育(教师版)，2010(4).

13. 林燕，张潇月. 退一步海阔天空——"阳光皮鞋美美吧"中的教师指导策略[J]. 今日教育(幼教金刊)，2014(5).